Cornelia Künzel

Menschen im sibirischen Altai

Auf den Spuren von Schamanen und Gelehrten

Cornelia Künzel

Menschen im sibirischen Altai

Auf den Spuren von Schamanen und Gelehrten

2. Auflage 2019

TRIGA
Der Verlag

Bibliografische Information der Deutschen Nationalbibliothek
Die Deutsche Nationalbibliothek verzeichnet diese Publikation in der Deutschen Nationalbibliografie;
detaillierte bibliografische Daten sind im Internet über http://dnb.d-nb.de abrufbar.

Anmerkung zur Schreibweise:
Im Plural wurde abwechselnd die männliche und die weibliche Form benutzt, beide Geschlechter sind jeweils eingeschlossen.

2. Auflage 2019

Herstellung: TRIGA – Der Verlag UG (haftungsbeschränkt), GF: Christina Schmitt
Leipziger Straße 2, 63571 Gelnhausen-Roth
www.triga-der-verlag.de, E-Mail: triga@triga-der-verlag.de

Coverfoto: Cornelia Künzel

Printed in Germany

ISBN 978-3-95828-176-9 (Print-Ausgabe)
ISBN 978-3-95828-048-9 (eBook-Ausgabe)

Ich danke allen, die mich beim Schreiben mit interessierten Nachfragen, Anmerkungen und Erfahrungsberichten unterstützt haben, dadurch ist das Buch so lebendig geworden, wie es ist.

Stellvertretend für alle sei Galina Ermolina genannt, die mir das Tor zum Altai weit geöffnet hat und mir ihr umfangreiches Wissen über das wunderbare Land und seine Menschen uneingeschränkt zur Verfügung stellte.

Dank auch an die Menschen im Altai, denen ich begegnen durfte, allen voran Maria für ihre Unterstützung und Freundschaft.

Dank den Spirits, die meine Reisen wohlwollend begleitet haben.

Dank an Jeanine und Dorothea für ihre Fotos!

Die feuchte Mutter Erde, die
Den Himmel berührt
Und allumfassende Liebe verbreitet
Als stilles Geheimnis ...

Lyudmila Neverova

Inhalt

Einleitung 9

Fremdes, vertrautes Sibirien 13

Der Maler und die Poetin 19

Rimma Erkinova, die Museumsdirektorin, und die Prinzessin von Ukok 23

Die Prinzessin von Ukok 24

Grigory Ivanovich Tchoros-Gurkin 27

Nicolas Roerich 28

Nikolai Schodojew und die Weisheitslehren des Altai 30

El Oyin und die Mondzeiten 37

Arshan Kezerekov – Schamane und Kaichi 43

Alexei G. Kalkin, der berühmteste Kaichi des Altai 47

Im Karakol-Nationalpark »Uch Enmek« 48

Danil Mamyev 53

Geomantische Erfahrungen 55

Galina Toptygina – eine spirituelle Geschäftsfrau 59

Zoya aus dem Wolfs-Clan 66

Zu Besuch bei einer Schamanin 71

Gibt es einen Heiler in deiner Familie? 79

Die Quelle in den Bergen von Kosch-Agatsch 83

Die Weiße Tara 86

Steinerne Heiler 88

Das Paradies an der Pforte zum Paradies 92

Über die Beseeltheit der Wildnis 97

Karagyz – die Nachtigall des Altai 100

Valeriy Lipenkov und das Sonnenmuseum in Novosibirsk 103

Besuch der Altaischamanen in Deutschland 107

Gibt es Legenden von eurem Land? 107

Heilungssitzung in der Jurte 111

Anhang 117

Über den Wert von Kultur – Auszug aus einem Handbuch für Ranger von Danil Mamyev 117

Übersichtskarte 120

Literaturempfehlungen 121

Glossar 122

Einleitung

Zu fünft sind wir in den Bückebergen im Wald unterwegs, Maria Amanchina, Arshan Kezerekov, Galina Ermolina, meine Freundin Anna und ich. Unser Weg ist uneben, steinig, von Baumwurzeln durchzogen und üppig gesäumt von Springkraut, Milzkraut und anderen Wildpflanzen. Das Murmeln eines Baches begleitet uns, und ringsum rauschen hohe Buchen, Birken und Kiefern.

Unsere Lungen trinken die frische Luft an diesem frühen Maimorgen, und wir genießen das Gezwitscher der Vögel. Arshan singt und pfeift leise vor sich hin. Das ist jedoch keine Begleitung des Vogelgesangs, sondern seine Art, mit Spirits, den Geistwesen der Bäume und des Landes, Kontakt aufzunehmen. Nach einer Weile sagt er brummig: »Die antworten mir nicht, die stellen sich taub.« Doch unverdrossen pfeift und singt er weiter. Wenig später meint er: »Sie fragen mich, ob ich mit ihnen kämpfen will oder in friedlicher Absicht komme.«

Meine Begleiter mit den ungewöhnlichen Namen sind Gäste aus der Republik Altai. Maria und Arshan sind Schamanen, Arshan darüber hinaus auch ein bekannter Sänger, Galina dolmetscht und vermittelt mit ihren Erfahrungen aus Ost und West. Ich habe ihre Heimat, den sibirischen Altai, auf vier Reisen zwischen 2005 und 2012 kennenlernen dürfen. Ich lebe gern in Deutschland am Rande der Bückeberge, wo die norddeutsche Tiefebene in sanfte Hügel und Bergketten übergeht. Die Resonanz zum Altai jedoch knüpft an einen Teil von mir an, der in unserer Kultur wenig Nahrung findet. Lange schon beschäftige ich mich mit Ethnomedizin und Schamanismus und teile die Auffassung meiner altaischen Gefährten von einer beseelten Natur. Dies mag die Anziehungskraft des 6000 Kilometer weit entfernten Landes erklären.

Auch in Europa gab es eine Zeit, in der die Menschen Bäume, Steine und Quellen als lebendig und beseelt wahrnahmen. Eine Zeit, in der Baumgeister und Zwerge noch nicht auf Goethes Erlkönig und Kinderbücher beschränkt waren. Über Arshans Bemerkung von den Spirits auf dem Waldspaziergang habe ich lange nachgedacht. »Willst du mit uns kämpfen oder kommst du in friedlicher Absicht?« Wenn ich die Aussage ernst nehme, stellt sich mir die Frage, woher ihr Misstrauen stammt. Und mir drängt sich der Gedanke an die gewaltsame Christianisierung, vor allem in Norddeutschland, auf. Vor über 1000 Jahren wurden Riten an heiligen Bäumen und Quellen unter schwere Strafen gestellt, und Priester scheuten sich nicht davor, auch mit magischen Mitteln Naturgeister zu bekämpfen. Ob das Gedächtnis der Natur diese Erfahrungen gespeichert hat, und sie für einen Schamanen aus einem fremden Land, der den Umgang mit ihnen gewohnt ist, hörbar werden?

Im Mittelpunkt der spirituellen Traditionen des Altai stehen die Natur und all ihre Wesen, das Land, der Altai selbst. Die Kultur des Altai ist für mich ein Beispiel, wie eine zeitgenössische Gesellschaft einhergehen kann mit einem spirituellen Weltverständnis, das Menschen und Tiere, Pflanzen und Steine, Sonne, Mond und Sterne sowie unsichtbare Wesenheiten umfasst. Ein Lichtblick, weil es zeigt, dass es keine Trennung zwischen dem Heiligen und dem Profanen geben muss. Ein Vorbild dafür, wie in einem modernen Land das für die meisten Menschen nicht Sichtbare, wissenschaftlich (vielleicht noch) nicht Beweisbare seinen Platz haben kann.

Das bedeutet nicht, dass die Menschen im Altai auf einer Insel der Glückseligen fern aller Konflikte leben. Der Zerfall des Kommunismus und der Sowjetunion und die Perestroika mit der Privatisierung hat für sie nicht – wie aus westlicher Sicht häufig vermutet – in erster Linie Befreiung, sondern vor allem Überlebensprobleme gebracht. Dabei treten Widersprüche auf zwischen den Clans der indigenen Bevölkerung und anderen Ethnien, vor allem Russen und Kasachen, zwischen der Selbstverwaltung der Clans und der Zentralregierung in Gorno Altaisk und Moskau, zwischen der wirtschaftlichen Entwicklung, besonders dem Aufschwung des Tourismus, und dem traditionellen Umgang mit dem Land. Der geplante Bau einer Pipeline von Gazprom durch das Ukok-Plateau, das von der UNESCO zum Weltnaturerbe erklärt wurde, ist seit Jahren umstritten. Erschwert wird die zivilgesellschaftliche Auseinandersetzung durch ein Gesetz aus dem Jahr 2012, nach dem sich Nichtregierungsorganisationen, die Geld aus dem Ausland erhalten, registrieren lassen müssen. Sie unterliegen einer besonderen Kontrolle, wovon unter anderem verschiedene Umweltschutzorganisationen betroffen sind.

Auch das Religiöse ist nicht ausgenommen von den Spannungsfeldern, die das politische und gesellschaftliche Leben bestimmen. Festgelegte Rituale und Zeremonien gehörten früher nicht zu den spirituellen Traditionen des Altai. »Eins der Konzepte der spirituellen Kultur des Altai heißt: »Jede/r hat seinen/ihren eigenen Gott ... Für Jahrhunderte erlaubte dieses Konzept den Altaiern, ihre religiösen Zeremonien selbst zu vollziehen, ohne irgendeinen ›Mittler‹«, so Danil Mamyev, der Direktor des Karakol-Nationalparks.

Die ausgeprägte Individualität im Umgang mit dem Sakralen, dem Land, ist die große Besonderheit der Religion des Altai – aber auch ein großes Problem im öffentlichen Disput. Anerkannte Religionen und Kulturen haben ein System von klaren Regeln und Glaubenssätzen, deren Abwesenheit im Allgemeinen als Beweis für die geringe Entwicklung und Unreife einer Kultur gewertet wird, führt Mamyev aus. Er betont, dass der größte Unterschied der altaischen Kultur zu anderen Kulturen gerade ihr größter Wert ist: die Freiheit von Dogmen.

Dieser Ansatz steht offensichtlich im Gegensatz zu dem Versuch, Religion als Identität stiftendes Moment zur Herausbildung der jungen altaischen Nation zu definieren. Denn dies verlangt Institutionalisierung, ein Prozess der zur Zeit zu beobachten ist.

Während der Reisen bewegte ich mich immer wieder zwischen Erwartungen und Realität, Planungen und Zufällen, Ernüchterung und Verzauberung. In meinem Bericht beschreibe ich neben persönlichen Erfahrungen das Netz von Sängerinnen und Künstlern, Schamaninnen, Wissenschaftlern, Museumsdirektorinnen und Geschäftsleuten, die ihr Leben der Integration von ethnischer

Kultur und moderner Gesellschaft widmen. Den Menschen, die ich kennengelernt habe, geht es nicht um den Erhalt musealer Relikte. Es sind fortschrittliche, gut ausgebildete Persönlichkeiten, die der Liebe zu ihrem Land entsprechend ihren Möglichkeiten und Fähigkeiten Ausdruck verleihen und Werte bewahren oder wieder herzustellen suchen, die für die Gegenwart und Zukunft kostbar sind.

Fremdes, vertrautes Sibirien

»Bitte anschnallen – wir setzen zum Landeanflug auf Novosibirsk an. Die Außentemperatur beträgt fast 40 Grad.« Plus, wohlgemerkt. Ich glaube meinen Ohren nicht zu trauen. 40 Grad?! Es ist Juli, aber an Sommerkleider habe ich nicht gedacht, als ich meinen Rucksack für die Reise ins Altai-Gebirge packte. Wollene Unterwäsche, dicke Pullover, Regenzeug – es ist für alles gesorgt, was in Deutschland mit dem Begriff »Sibirien« verbunden wird. Ein heißer, kontinentaler Sommer überstieg jedoch mein Vorstellungsvermögen, obwohl auf der Packliste auch Sommerkleidung vermerkt war.

Ich blicke aus dem kleinen Fenster, während sich das Flugzeug in weiten Kreisen dem Erdboden nähert. Spielzeugautos auf Straßen werden erkennbar, Häuser, Bäume. Mit leichtem Ruckeln setzt das Flugzeug auf und rollt langsam auf das Flughafengebäude zu. Aus den Birkengruppen am Rande des Rollfelds fliegt ein Krähenschwarm auf. Wie hypnotisiert starre ich immer noch aus dem Fenster. Ist das wirklich Sibirien? Das flache Land könnte auch die Umgebung des Flughafens in Hannover-Langenhagen sein. Ich weiß nicht, was ich erwartet hatte, offensichtlich irgendetwas Namenloses, Fremdes, Überraschendes, wie sonst könnte mich der vertraute Anblick von Birken und Krähen in so großes Erstaunen versetzen.

Sibirien und der Altai würfeln alle Vorstellungen durcheinander. Am Flughafen in Novosibirsk wird unsere kleine Reisegruppe nicht, wie prophezeit, von der russischen Mafia in Empfang genommen, sondern Galina und Djima begrüßen uns herzlich. Die beiden begleiten uns durch alle Höhen und Tiefen unseres Aufenthalts, Galina als Reiseleiterin und Dolmetscherin und Djima als Fahrer.

Galina, eine ehemalige Englischlehrerin, ist mit ihren vielfältigen Verbindungen in den Altai die geborene Reiseleiterin. Mit unvergleichlichem Engagement knüpft sie an den Fäden eines großen Netzwerks, in das wir auch eingewoben werden: Sie stellt uns Museumsdirektorinnen, Künstlern, Mitarbeitern des Nationalparks, Hoteldirektorinnen, Heilerinnen vor – allen jenen Menschen aus ihrem großen Freundeskreis, die mitwirken an der Aufgabe, die ethnische Kultur des Altai mit dem Leben in einer modernen Gesellschaft zu verweben.

Ab und zu versucht sie die Fäden noch weiter zu spinnen bis hin in den Norden von Indien, wo sie einen Teil des Jahres in einem Ashram verbringt. Mit ihren dunklen Augen und schwarzen, halblangen Haaren scheint sie sowohl in diese als auch in jene Kultur zu passen. Galina erinnert mich an russische Intellektuelle, wie sie mir aus Romanen, die im 19. und den ersten Jahrzehnten des 20. Jahrhunderts spielen, vertraut sind. Damals, vor den Weltkriegen und Revolutionen, gab es in Europa eine Schicht von Intellektuellen und Künstlern, die in Paris, Moskau und Berlin zu Hause waren, weltoffen und weltgewandt, ohne die Scheuklappen nationaler Beschränkung. Galina träumt davon, einmal im Leben Paris zu sehen, und am liebsten würde ich sie zu einer Reise einladen, doch ein Blick auf meine Finanzen verbietet diesen Gedanken.

Der Zweite im Bunde ist Djima, der Fahrer des gelbgrünen Kleinbusses, mit dem wir unterwegs sind. Verschlossen, fast grimmig, durchtrainiert und mit kurz geschnittenen Haaren kommt er mir vor wie ein Soldat. Im Laufe der Reise beginne ich die Konzentration und Sorgfalt zu schätzen, mit der er seinen Bus und uns sicher durch unwegsames Gelände bugsiert. Nachdem wir die ersten russischen Wörter gelernt haben, ihn mit »Dobre djen« begrüßen können und auch die Gardinen im Bus nicht mehr achtlos zerknüllen, taut er auf, und manchmal erscheint sogar ein Lächeln auf seinem ernsten Gesicht. Unter was für einer großen Anspannung er gestanden haben muss, uns sicher ans Ziel zu bringen, wird mir erst deutlich, als wir am Ende unserer Reise anlangen, und Djima plötzlich wie verwandelt ist, fröhlich und locker.

In Novosibirsk und Akademgorodok, der akademischen Stadt in der Nähe von Novosibirsk, stoße ich dann auch auf »das Andere«, Unbekannte. Das Nebeneinander und Miteinander von drei Kulturen, drei Jahrhunderten fasziniert mich. Neben grauen, verwitterten Holzhäusern aus dem 19. Jahrhundert sind eintönige Wohnblocks hochgezogen, und eine Pizzeria nach amerikanischem Vorbild lädt mit einem Biergarten zum Ausruhen ein. Zwischen den Wohnsilos setzt Wildnis ein, wildes Gestrüpp, Büsche, Birken und himmelblaue Wegwarte säumen einen Trampelpfad, der zum Markt führt.

Meine Reisegefährtinnen und ich lassen uns im »Pizzahut« nieder, um den Abend mit einem Bier zu beenden. Unsere Begleiter, Galina und Djima, lehnen eine Einladung kategorisch ab. Bier, Wodka? Kein Alkohol. Es ist ein warmer, lauer Samstagabend und durch die Straßen von Akademgorodok flanieren Damen in weißer Rüschenbluse, langem, geblümtem Rock und Strohhut Arm in Arm mit Frauen in grauen Kostümen und jungen Mädchen in bauchfreien, engen Tops, während die Männer im »Pizzahut« ein Bier trinken.

»Wisst ihr, was der Name Altai bedeutet?«, fragt unsere Reiseleiterin, während wir entspannt die Vorübergehenden beobachten. Ich verneine, ebenso meine Mitreisenden. Galina erzählt von Zoya, einer Bekannten, und deren Entdeckungen am Philologischen Institut der Universität von Gorno Altaisk. » ›Al‹ meint ›nimm‹, und ›tai‹ heißt ›das Opfer‹. In Kirgisien – dort wird auch eine Turksprache gesprochen – bedeutet ›Al‹ ›sechs‹ und ›ai‹ ›Monat‹. Die Kirgisen betrachten den Altai als ihr Mutterland, und wenn sie früher aus Kirgisien in den Altai wanderten, brauchten sie sechs Monate, um ihn zu erreichen. In der Mayasprache steht ›Al‹ ebenfalls für ›nimm‹, wie im Altaischen, und ›tai‹ für ›einen Schritt über etwas (nehmen)‹. Auch im Tibetischen heißt ›Al‹ ›Nimm‹, ›tai‹ bedeutet ›Wissen‹.«

»Nimm Wissen, nimm einen Schritt über etwas hinaus, nimm das Opfer«, murmele ich vor mich hin. »Was sollen wir nehmen, was geben …«

»Nimm mir zuerst das Bier ab«, sagt Jessica. »Ich halte es dir nicht noch länger hin.« Damit ist die philosophische Debatte für diesen Abend, aber auch nur für diesen Abend, beendet.

Am nächsten Tag, auf der langen Fahrt mit dem Bus von Novosibirsk über Akademgorodok in die Republik Altai, eine Teilrepublik der russischen Konföderation, gleiten Kiefern- und Birkenhaine, Weiden und Buchweizenfelder an uns vorüber. Am Straßenrand und auf den Wiesen leuchten roter Klee, gelbe Kamille, hellblaue Wegwarte, rosaviolette Disteln, Königskerzen und Malven. Ab und zu überrascht eine Ansammlung von Häusern in dem weiten, flachen Land. Pferd und Reiter ziehen gemächlichen Schrittes über Wiesenwege zu einer Birkengruppe.

Dorf im Altai

Bei der langsamen Fahrt durch die Dörfer erkenne ich in den Gemüsegärten neben jedem Haus Kartoffeln, Mohrrüben, rote Beete, Zwiebeln. Und später begegnen wir auf den Bergwiesen im Altai zartvioletten, wildblühenden Astern, die in Deutschland im Herbst in den Vorgärten zu finden sind. Unerwartet vertraut ist mir die Vegetation, und doch ist das kein Wunder, denn Novosibirsk liegt auf demselben Breitengrad wie Hamburg.

Wir machen Rast in einem kleinen Restaurant und lernen eine der Köstlichkeiten der russischen Küche kennen: eine kalte Sommersuppe mit Radieschen und Salatgurke, Eiern und Kartoffeln, Okroschka genannt. Unter dem Sonnendach auf weißen Plastikstühlen gibt es noch einen starken, schwarzen Tee, dann geht es weiter. Ein paar Stunden später stoppt Djima an einer monumentalen, weißen Stele, die die Grenze zwischen Russland und der Republik Altai markiert. Endlich sind wir in dem kleinen Land im Südwesten Sibiriens, das zwischen Kasachstan, China, der Mongolei und Tuwa liegt! Wir halten jedoch nicht, um von Grenz- oder Zollbeamten kontrolliert zu werden, der Altai kennt andere Rituale.

Froh, mich nach der langen Fahrt wieder bewegen zu können, klettere ich aus dem Fahrzeug. Unsere Reiseleiterin Galina überreicht allen Mitreisenden feierlich weiße Stoffbänder. »Die sind für die Geister des Altai«, erklärt sie. »Wir begrüßen sie und bitten um Einlass. Mögen sie uns wohl gesonnen sein.«

Neben der Stele steht eine Silberweide, über und über mit Stoffstreifen behängt. Viele schon haben vor uns hier gestanden, und um Einlass und gute Reise gebeten. Auch wir befestigen unsere Bänder an dem Baum in der Hoffnung auf Erfüllung unserer Sehnsüchte und Wünsche. Was ist es, was mich und die Mitreisenden bewegt, in ein 6000 Kilometer entferntes Land zu reisen? Die Freude daran, Neues zu erfahren und zu lernen, die Hoffnung auf Heilung, das Interesse, eine Kultur kennenzulernen, in der tradiertes, schamanisches Wissen integriert ist – die Beweggründe sind so vielfältig wie unsere bunt gemischte Reisegruppe.

Unterhalb der Weide blinken und blitzen die Wasser des Flusses Katun in der Abendsonne. ›Ein vollkommener Geist‹ soll der Name bedeuten oder auch ›eine Frau‹, denn die Katun wird als weiblicher Fluss betrachtet. Viele Kilometer weiter nördlich, bei Bisk, vereinigt sie sich mit einem männlichen Fluss, dem Bija, und aus den beiden entsteht der mächtige Ob. Die rauschenden Wasser vom weißen Berg Belucha, dem höchsten Gipfel des Altai, locken mich und die anderen Mitreisenden nach den langen Stunden bei großer Hitze im Bus. Rasch eilt der Strom vorbei, so geschwind, dass ich mich nur vorsichtig vom Ufer weg ein paar Schritte hineinbewegen kann, ohne mitgerissen zu werden. Das klare, kalte Wasser umspült wohltuend meine Beine und Arme, mein Gesicht, reinigt und erfrischt mich. Mit dem Reisestaub spülen vorgefasste Meinungen und Vorstellungen hinweg, und ich öffne mich dem Abenteuer Altai.

Der Maler und die Poetin

Ende Juli ist es heiß in Gorno-Altaisk, der Hauptstadt der Republik Altai am Rande des Altaigebirges, über 30 Grad im Schatten. In diesem Verwaltungs-, Handels- und Kulturzentrum des Landes leben mehr als 50 000 Menschen, etwa ein Viertel der Bevölkerung der Republik. Gorno-Altaisk ist eine Stadt, die kaum ökologische Probleme hat, anders als andere Städte in Sibirien mit viel Industrie. Über 5 000 Studenten besuchen die staatliche Universität, in der sich auch ein Forschungsinstitut für altaische Sprache, Geschichte und Literatur befindet.

Unser Bus hält unter einem Baum, und wir steigen träge aus. Um zum Eingang der Wohnung des Malers in einem tristen, grauen, mehrstöckigen Mietshaus zu gelangen, müssen wir durch die glühende Sonne über den Hof laufen. An der Wohnungstür im ersten Stock empfängt uns die rothaarige, schlanke Tochter des Hauses. Wir ziehen im engen Flur unsere Schuhe aus und werden ins Wohnzimmer geführt, wo wir uns auf dem braunen Samtsofa und Sesseln niederlassen. Eine magere braun-bunte Katze schlurt über den moosgrünen-rot-schwarzen Teppich an meinen Beinen entlang. Unsere Reiseleiterin macht uns mit dem Maler, Leonid Safronow, seiner Frau Tatjana Danilowa und seiner Tochter bekannt.

Leonid, ein schmächtiger, bärtiger Mensch, erweist sich als sehr zurückhaltend, geradezu scheu, ähnlich wie seine jugendliche Tochter, deren Freude über unseren Besuch ihr jedoch auch ohne viele Worte anzusehen ist. Aber seine Frau, schwarz gekleidet, mit blondem Haar, eine Poetin und Professorin für neue russische Literatur an der Universität von Gorno Altaisk, die ihre Dissertation über eine Brieffreundin von Rilke geschrieben hat, erzählt uns vom Altai.

»Der Altai ist ein Land der hohen Berge und der Steine«, beginnt sie. »Der höchste Berg, die Belucha, ein Massiv mit zwei Spitzen um die 4500 Meter hoch, ist für Menschen nur schwer zu erreichen. Sie liegt an der altaisch-kasachischen Grenze, nicht weit von China und der Mongolei entfernt, im Herzen Asiens. Von ewigem Schnee bedeckt strahlt die Belucha, die auch Uch Sumer oder Krone des Altai genannt wird, in leuchtendem Weiß. In ihren Gletschern entspringt die Katun, einer der zwei Quellflüsse des Ob. Die Belucha ist das Ziel von Suchenden aus aller Welt, denn irgendwo hier soll sich Shambala befinden, Belovodje, der Eingang zum Paradies. Von Tyungur aus hat man einen wunderbaren Blick auf die zwei Gipfel, und man spürt die Kraft des Berges – auch ohne ihm zu nahe zu treten«, setzt Tatjana hinzu. Wehe dem, der sich diesem Berg ohne die notwendige Ehrerbietung nähert. Galina weiß von allzu forschen Touristen zu berichten, die bei dem Versuch, den Gipfel zu stürmen, den Tod fanden.

Der Tourismus ist neben der Landwirtschaft zum wichtigsten Wirtschaftsfaktor des Landes geworden. Trekking, Rafting, Pferdetouren, Skifahren sowie die Möglichkeit zu jagen locken immer mehr Urlauber aus Russland und anderen Ländern. Am Fuße der Belucha, in Tyungur, ist ein komfortables Hotel errichtet worden, und in den Läden vor Ort gab es vor einigen Jahren Ehrmann-Joghurt aus Deutschland und Wrigleys-Kaugummi zu kaufen. Mag sein, dass das aufgrund einer veränderten politischen Situation und wirtschaftlicher Boykottmaßnahmen derzeit nicht mehr der Fall ist, aber für das Wohlbefinden der Touristen wird auf jeden Fall gesorgt.

In meinen Ohren klingen Tatjanas Worte über Shambala nach. »Das Tor zum Paradies – das klingt verlockend!«, werfe ich ein und sehe zustimmendes Nicken bei meinen Mitreisenden. »Können wir nicht …« Galina winkt uns beruhigend zu.

»Wartet ab«, sagt sie und lächelt geheimnisvoll. »Shambala oder Belovodje hat nicht nur einen Zugang, am Ende unserer Reise werde ich euch an einen Ort führen …« Sie lässt die Worte im Raum stehen.

Tage später, als ich die Belucha von Angesicht zu Angesicht erblicke, verstehe ich den tiefen Respekt, den die Menschen im Altai diesem Berg zollen. Doch vorerst sitzen wir noch am Eingang des Altaigebirges, in Gorno-Altaisk im Wohnzimmer des

Malers und der Poetin. Tatjana Danilowa erzählt weiter von der uralten Kunst des Landes, den Steinritzungen. Es soll im Altai Ritzsymbole in Steinen geben, die bis zu 300 000 Jahren alt sind – auf 30 000 Jahre werden die ältesten europäischen Höhlenmalereien in Südfrankreich geschätzt. Kaum vorstellbar, was für ein geschichtsträchtiges Land wir betreten haben.

Obwohl das Metier des Malers in erster Linie Portraits sind, wie die Bilder an den Wänden beweisen, moderne Bilder unterschiedlicher Stilrichtungen, die einen gekonnten Blick für lebhafte Farben offenbaren, hat Leonid Safronow einige der Symbole, die vor Jahrtausenden in Stein geritzt wurden, für uns auf Steine gemalt. Hirsche mit der Sonne zwischen den Geweihstangen, Fabelwesen und natürlich das gleichschenklige Kreuz im Kreis, das auf der ganzen Welt, von Nordamerika über Lappland bis in den Fernen Osten auf Felsritzungen zu sehen ist.

Die Enge in dem kleinen Wohnzimmer mit den geblümten Tapeten, vollbesetzt mit unserer Reisegruppe und Familie Safronow, macht mich unruhig. Durch die braun-rosa Gardinen schaue ich aus dem Fenster auf ein ehemaliges Fabrikgebäude aus rotbraunen Ziegeln mit einem Wellblechdach. Mein Blick schweift über das Bücherregal, und ich, die ich so gerne lese, ärgere mich, dass ich die kyrillischen Buchstaben nicht besser gelernt habe. Einzig »Odysseus« entziffere ich, der große Wanderer und Reisende aus der griechischen Mythologie hat hier seinen Platz. Kein Wunder, denke ich. Hier, in dieser engen Dreizimmerwohnung, muss die Sehnsucht nach der Ferne gedeihen. Die Sehnsucht nach Luft, Licht und Sonne, nach Schönheit und Spiritualität, nach den hohen, weißen Bergspitzen des Altai mag auch den Titel von Tatjana Danilowas Gedichtband inspiriert haben – »Schnee«.

Später am Abend sitzen wir mit Tatjana in der engen Küche, trinken ein Bier und unterhalten uns mit Redewendungen aus einem alten DDR-Sprachführer. »Meinen Sie, dass unsere Zusammenkunft positive politische Auswirkungen hat?«, fragt Tatjana, mühsam die deutschen Wörter aussprechend, und wir alle müssen über die hochoffizielle Formulierung lachen. Angelika antwortet ebenso formell: »Behalten Sie uns in guter Erinnerung!« Für viel mehr reicht unser Russisch und Tatjanas Deutsch leider nicht, doch es genügt, um die Begegnung in guter Erinnerung zu behalten.

Rimma Erkinova, die Museumsdirektorin, und die Prinzessin von Ukok

Rimma Erkinova, die Direktorin des altaischen Nationalmuseums in Gorno Altaisk, schaut streng aus hinter ihrem Schreibtisch. Mongolische Gesichtszüge, dunkle Augen, weiße Perlenkette. Über ihrem Sessel hängt ein wunderschöner Wollumhang in verschiedensten Brauntönen, Bäume und abstrakte Muster in schwarzdunklem Braun, sandfarben, rötlichem Erdbraun.

Bei unserem Gespräch vor ein paar Jahren stand sie noch vor ihrer größten Herausforderung: die »Prinzessin von Ukok«, eine Mumie aus der Skythenzeit, wieder in den Altai zu überführen. Dieses archäologische Fundstück ersten Ranges befand sich neunzehn Jahre unzugänglich für die Öffentlichkeit in einem Institut in Akademgorodok bei Novosibirsk – ein Politikum in der Auseinandersetzung zwischen Wissenschaft und ethnischer Kultur, Russland und seinen ethnischen Minderheiten.

2012 hat die Prinzessin, auch Otschi-Balá genannt, in einem Anbau des Museums einen würdigen Platz in Form eines traditionellen Grabmals gefunden. Doch die Kontroversen um die Mumie reißen nicht ab. Und Rimma Erkinova steckt in einem Zwiespalt: Als Direktorin ist sie selbstverständlich dafür, die Mumie im Museum auszustellen, als Altaierin dagegen ist sie für eine Bestattung am Fundort der Prinzessin auf der Ukok-Ebene.

Was für die Wissenschaftler eine Sensation war, war für die Altaibevölkerung ein Sakrileg, eine Katastrophe, die andere Unglücksfälle nach sich zog. Die Weisheitslehren des Altai besagen, dass jeder Mensch männliche und weibliche Energien hat. Nach dem Tode verlässt die männliche Energie den Körper, die weibliche jedoch verbleibt in den Gebeinen. Die Prinzessin von Ukok wird als Urmutter verehrt, als eine Urkraft, auf deren Verlust Naturkatastrophen, Unfälle und Krankheiten zurückgeführt werden. Während russische Wissenschaftler damit argumentieren, dass die Mumie aufgrund der genetischen Befunde keine Vorfahrin der heutigen Altaibevölkerung sein kann, ist für die Menschen im Altai entscheidend, dass sie im Altai, auf einem der heiligsten Plätze, bestattet wurde. Tausende von Unterschriften wurden für die Rückführung der Prinzessin gesammelt, auch einheimische Politiker setzen sich dafür ein. So ließ Aulkhan Djatkambayev, ein Staatsmann aus der Region von Kosch-Agatsch, die in der Nähe des Fundortes liegt, verlauten:

»Die Leute sagen, das Ausbleiben der Bestattung der Mumie brachte uns eine Reihe von Unglücken, und ich respektiere diese Meinung. Es ist nicht nur eine Frage von Erdbeben. Es ist auch das vermehrte Auftreten von Selbstmorden und Krankheiten. Ich respektiere die Wissenschaft, aber wir sind Nomaden, keine Wissenschaftler, und alle Menschen haben das Recht auf ihr eigenes Weltverständnis. Nur mit der Wiederbestattung der Mumie können wir die Geister zur Ruhe bringen und die Ängste der Menschen besänftigen.«

Die Prinzessin von Ukok

Das schwer zugängliche Ukok-Plateau liegt auf einer Höhe von 2500 m, umgeben von den Bergriesen des Altai-Gebirges. Eingefroren im Permafrostboden überdauerte die Mumie der »Eisprinzessin« dort 2500 Jahre, gekleidet in eine Robe aus dünner Seide mit einem weiten roten Gürtel, auf dem Kopf eine prächtige 80 cm hohe Bedeckung, um den Hals einen ursprünglich vergoldeten Reif, ein Lärchenstock in der Hand. Die sechs Pferde, die mit der Mumie bestattet waren, trugen prachtvolles Zaumzeug.

Aufgrund der reichen Grabbeigaben, der fürstlichen Kleidung und der außergewöhnlichen Tätowierungen, die Hirsche, Panther, Greife und andere Fabeltiere darstellen, wird die Mumie als »Prinzessin von Ukok« oder nach einem alten Mythos als Otschi Balá bezeichnet.

Der Ältestenrat der Republik Altai votierte 2014 mit einer Gegenstimme dafür, die Mumie wieder auf dem Ukok-Plateau zu bestatten. Akai Kine, ein Schamane, wandte sich im Internet an Menschen in aller Welt um Hilfe. »Die Prinzessin«, sagt er, »nackt und schutzlos, friert vor unfassbarer Scham, ausgeliefert den Blicken eines gaffenden Publikums. Wer stellt die Leiche seiner Mutter zur Schau? Sie klopft an unser Herz, sie fleht um Gnade.«

Wie es die Ironie der Geschichte will, wurde das Gebäude, in dem die Mumie jetzt aufbewahrt wird, von Gazprom gesponsert, dem Konzern, der eine Gasleitung durch das Ukok-Plateau legen lassen will. Dieses abgelegene Hochplateau, umgeben von schneebedeckten Gipfeln, ist den Altaibewohnern heilig. Geröllfelder an den Berghängen gehen über in eine weite, grüne, von Flussarmen durchzogene, baumlose Ebene, auf der wilde Argalischafe sich von Gräsern und Kräutern ernähren. Steppenadler kreisen über dem Land, und Schneeleoparden streifen über die Berghänge. Man hat hier das Gefühl, dem Himmel näher zu sein als anderswo. Seit 1998 ist das Gebiet, das zu den unberührtesten Regionen der Erde gehört, anerkannt als Unesco-Weltkulturerbe.

Die Motive für mein Interesse an der Prinzessin sind vielfältig. Ist es die Faszination für eine fremde Kultur, die Toten eine solche Aufmerksamkeit widmet? Wer interessiert sich bei uns für Jahrhunderte alte Moorleichen im Museum oder Reliquien von Heiligen in katholischen Kirchen? Ist es Neugier oder die vage Hoffnung auf Informationen aus einer Zeit vor 2500 Jahren, die für uns heute bedeutsam sein können?

Einmal habe ich die Gelegenheit, der »Prinzessin« von Angesicht zu Angesicht gegenüberzustehen. Gespannt blicke ich der Begegnung mit der Mumie der Prinzessin entgegen. Mein rational geprägter Verstand steht im Zwiespalt mit diffusen Erwartungen an das Zusammentreffen, genährt durch die Bedeutung, die die Altaier der Mumie zusprechen. Als mein Blick auf den zusammengekrümmten, nackten Körper fällt, schrecke ich zurück. Ich möchte den mumifizierten Leib nicht anschauen, es erscheint mir respektlos, ungeniert mein Auge darauf verweilen zu lassen. Früher, als Kind, war ich nicht so zurückhaltend. Der Höhepunkt der Besuche im Landesmuseum in Hannover war jedes Mal die Moorleiche, der »Rote Franz«, bei der ich mich am liebsten aufgehalten habe. Was sie mir damals bedeutete, weiß ich nicht mehr, ich erinnere mich nur noch an die Faszination, die sie für mich besaß.

Eine Weile stehe ich unschlüssig neben dem Glaskasten mit der Prinzessin, ohne sie anzuschauen. Doch sie scheint zu sagen »Schau mich an – ich möchte gesehen werden. Ich bin gefunden worden, damit mein Geist in die Welt kommt.« Ich lasse mich auf den inneren Dialog ein und frage: »Was ist das für ein Geist?« Die Antwort kommt prompt: »Der Geist der Harmonie, des Einklangs von Mensch und Schöpfung.« Da betrachte ich sie zaghaft, den braunen Schädel, den dunklen Oberarm mit dem Greif, den mythischen Tätowierungen.

Mit Maria, einer Schamanin, die in der Nähe des Ukok-Plateaus lebt, sprechen wir lange über die Bedeutung der Prinzessin für die Altaibevölkerung. Nicht nur äußerlich steht sie der Prinzessin nahe – schaut man von ihrem Haus aus gen Süden, sieht man die verschneiten Gipfel aufragen, die das Ukok-Plateau begrenzen. Sperrgebiet, das nur mit besonderer Genehmigung betreten werden darf. Eine Aussage der Schamanin ist mir besonders haften geblieben:

»Der Ursprung des Bösen liegt in der mangelnden Ehrfurcht den Ahnen gegenüber.«

Zunächst bin ich versucht, diese Aussage zu überhören, so fremd ist sie mir. Sicher, diese Erfahrung haben die Menschen im Altai gemacht, unter anderem durch die Ereignisse, die die Ausgrabung der Mumie nach sich zog. Aber ist sie allgemeingültig – auch für uns in Europa, in Deutschland? Und – ist die Antwort so einfach, gibt es nicht vielfältige Ursachen für jedes Geschehen? Ökonomische, soziale, politische, persönliche Gründe?

Andererseits – warum nicht die Aussage der Schamanin als eine mögliche Theorie akzeptieren und auf ihre Stimmigkeit überprüfen? Auch im Westen gibt es therapeutische Verfahren, wie Familienaufstellungen, die betonen, wie wichtig die Aussöhnung mit den Vorfahren ist. Die Auseinandersetzung mit der Prinzessin von Ukok wirft für mich mehr Fragen als Antworten auf.

Ich wende mich von der Mumie ab. Zurück in der Eingangshalle des Museums stehe ich einem Kezer gegenüber. Der Steinmann und ich schauen uns an, er in seit Urzeiten unveränderter Haltung, die rechte Hand auf der Brust, die linke Hand am Nabel – ich für einen Augenblick gebannt von dem lebendigen Ausdruck des Steins.

Das Nationalmuseum ist eine wahre Fundgrube, um die Kultur des Altai kennenzulernen. Eine breite Palette von Exponaten, darunter Trommeln und Kleidung von Schamanen, dokumentiert gegenständlich das alltägliche und spirituelle Leben der Altaibevölkerung, das auch in den Gemälden von Tchoros-Gurkin und Nikolaj Roerich sichtbar wird.

In dem großen Ölgemälde »Khan-Altai« von Tchoros-Gurkin eröffnet sich der Ausblick auf eine menschenferne Berglandschaft, versunken in Schnee und Eis, die Belucha, die »Weiße«, der sagenumwobene Gipfel des Altaigebirges, zieht mich in seinen Bann. Auf den ersten Blick hat Gurkin ein naturgetreues Bild der Berge wiedergegeben. Erst auf den zweiten Blick erkenne ich, dass der Maler eine verborgene, unsichtbare Wirklichkeit in das Bild eingewoben hat – aus einem Felsen springt bei längerer Betrachtung ein Gesicht heraus. Mit diesem Kunstgriff wird die spirituelle Grundhaltung der ethnischen Kultur sichtbar: Alles ist belebt, nicht nur Menschen und Tiere, sondern selbst die Steine.

Grigory Ivanovich Tchoros-Gurkin

Grigory Tchoros-Gurkin wurde 1870 in dem Dorf Ulala im Altai geboren. Schon im Alter von 8 Jahren lernte er die Kunst der Ikonenmalerei. Da er an der Kunstakademie von Sankt Petersburg nicht angenommen wurde, studierte er bei dem Maler I.I. Shishkin weiter, fing jedoch bald an, unabhängig zu arbeiten.

Gurkins Werke spiegeln die Schönheit der Berglandschaft des Altai. Für viele Menschen in ganz Russland bereiteten Tchoros-Gurkins Bilder den Weg zum Verständnis der indigenen Kultur des Altai.

Neben seiner künstlerischen Tätigkeit war Gurkin politisch aktiv. 1918 gründete er gemeinsam mit anderen führenden Persönlichkeiten des Altai das »Karakorum Regionalkomitee« mit dem Ziel, eine Republik zu errichten, die an Traditionen um den Volkshelden Oirot anknüpft. 1921 wurde das Komitee gewaltsam aufgelöst. In den 30er Jahren wurde Tchoros-Gurkin mehrfach inhaftiert und starb 1937 den Tod durch Erschießen.

Als ich den Saal mit den Gemälden von Roerich betrete, bin ich überwältigt von den psychedelisch anmutenden Farben der Bilder. Kaum zu glauben, dass die Gemälde – in Gorno Altaisk leider nur Duplikate – zum großen Teil schon in den 20er Jahren des letzten Jahrhunderts entstanden sind, als Roerich zwei Wochen im Altai verbrachte. Wie kaum ein anderer war der Künstler in der Lage, spirituelles Erleben auf die Leinwand zu bannen. Mit seinen Bildern weckte er bei vielen Menschen ein Fernweh – oder Heimweh – nach dem Altai.

Nicolas Roerich

Nicolas Roerich wurde am 9. Oktober 1874 in Sankt Petersburg geboren. 1893 begann er ein Studium an der Kunstakademie von Sankt Petersburg und erlebte dort die Blütezeit der russischen Kunst Ende des 19. Jahrhunderts. Durch seine Frau Helena kam er in Verbindung mit der östlichen Spiritualität und begann 1904 seine ersten mystischen Bilder zu malen.

1920 emigrierte Roerich mit seiner Frau und den zwei Kindern in die USA, 1923 brachen sie zu einer langen Expedition ins Himalayagebiet auf, wo sie sich 1928 im Kulu-Tal in Punjab niederließen. Eine ihrer Reisen durch Zentralasien führte die Roerichs auf ihrer Suche nach Shambala auch in den Altai, wovon etliche seiner Gemälde zeugen. Die Roerichs sind Gründer des Agni-Yoga, eine esoterische Bewegung, die an den Burchanismus und den tibetischen Buddhismus anknüpft.

Nicolas Roerich wurde aufgrund seines Einsatzes für ein internationales Abkommen zum Schutz von Kultureinrichtungen und Denkmälern in Kriegszeiten dreimal für den Friedensnobelpreis nominiert. Er starb am 13.12.1947.

In einem seiner bekanntesten Werke hat der Maler die Geschichte von Ak-Burkhan, dem weißen Burkhan, einer mythologischen Gestalt, verewigt. In intensivem Blau wölbt sich der Nachthimmel über schneebedeckten Gipfeln, erhellt von einem gelblichen Vollmond. Im Vordergrund links reitet Ak-Burkhan auf einem Schimmel, dessen Hufe im Nebel versinken. Auf einem Felsabsatz unter ihm kniet eine Gestalt, das Gesicht mit den Händen bedeckend.

Das Gemälde schildert die Vision der 14-jährigen Chugul Sarok Chandyk im April 1904. Das Erscheinen des weißen Burkhan kündigt in der Mythologie des Altai die Wiederkehr des legendären Helden Oirot Khan an, der seinem Volk Befreiung von Fremdherrschaft und Freiheit bringen soll. Während seiner Herrschaft hatte sich der »weiße Glaube« in der Auseinandersetzung mit »schwarzem« Schamanismus entwickelt. Dabei ging es um die Kontroverse zwischen weißer und schwarzer Magie, die gesellschaftlich geächtet wurde. Unter dem Druck des Christentums lebte der weiße Glaube im Untergrund weiter und erfuhr Anfang des 20. Jahrhunderts eine Renaissance als »Burchanismus«.

Die Bewegung wurde von Beginn an von den Regierungen bekämpft, zuerst durch das Zarenreich, später durch das Sowjetregime. 1948 wurde der Gebrauch des Wortes »Oirot« als konterrevolutionär verboten, und der Begriff wurde aus der Literatur entfernt. Heutige Forscher vergleichen den Burchanismus mit Identität bildenden Bewegungen indigener Völker in anderen Teilen der Welt. Nach der Perestroika sind in den 90er-Jahren des vergangenen Jahrhunderts verschiedene Organisationen entstanden, die den Burchanismus wieder beleben.

Überall auf unserer Reise begegnen uns die Mythen der altaischen Kultur. Mircea Eliade, der berühmte Religionswissenschaftler, bezeichnet einen Mythos als heilige Geschichte, die den Menschen mit übernatürlichen Kräften verbindet und dem Leben Sinn gibt. Beim Besuch des Museums wird deutlich, wie Mythen und geschichtliche Ereignisse, Kunst und Handwerk, Heiliges und Profanes zusammengewoben werden zu einem farbenprächtigen Webteppich, der das Selbstverständnis der indigenen Bevölkerung des Altai bildet.

Nikolai Schodojew und die Weisheitslehren des Altai

Unsere Reisegruppe übernachtet in Ust-Kan im Hotel mit dem Drachen über dem Eingang. Das Gasthaus und Hotel steht im Zentrum des kleinen Städtchens an einem großen, leeren Platz mit ein paar Spielmöglichkeiten für Kinder, der von rot-gelb-grün-blauen Metallbogen umrahmt wird. Rund um den zentralen Platz befinden sich einstöckige, gemauerte Häuser, Verwaltungsgebäude und Läden, mit Dächern so farbig wie die metallene Einfassung der Mitte. Und um diese repräsentativen Bauten dehnen sich ebenerdige Holzhäuser mit Gemüsegärten aus.

Im Erdgeschoss des Hotels liegen der Gastraum, die Toilette und Wirtschaftsräume. Unsere Schlafräume sind im ersten Stock, die groben Balken riechen angenehm nach Holz. In den schmalen Zimmern steht selbstverständlich, auf engstem Raum, ein Fernseher. Aber an Waschmöglichkeiten findet sich für alle Gäste nur ein kleines Becken in der Gemeinschaftstoilette, nachts ist das Wasser abgestellt.

Elektrifizierung war ein großes Ziel der Sowjetregierung und bis ins abgelegenste Dorf, das wir besuchten, zur Selbstverständlichkeit geworden. Fließendes Wasser zu jeder Zeit in jedem Haus bereitet jedoch größere Schwierigkeiten. Bis heute stellt es offensichtlich ein technisches oder finanzielles Problem dar, Wasserleitungen zu verlegen, die auch in den kalten Wintern bei minus 40 Grad nicht vereisen.

Anna, Marie und ich schlafen in einem Zimmer, die Betten sind bequem, aber vor dem Hotel ist der Treffpunkt einiger Nachtschwärmer, die auf dem leeren Platz ihr letztes Bier trinken, was mich eine Weile nicht zur Ruhe kommen lässt. Gegen acht Uhr treffen wir uns beim Frühstück in dem einfach möblierten Gastraum und stärken uns mit Reisbrei und kleinen Eierküchlein, die wir an einer Durchreiche zur Küche in Empfang nehmen. Zum Süßen stehen Mirabellenmarmelade und Zucker auf dem Tisch. Das ist das typische Morgenmahl im Altai: warmer Brei aus Reis, Buchweizen oder Haferflocken, dazu Eierpfannkuchen und Marmelade oder Honig. Und zu trinken gibt es natürlich, vom frühen Morgen bis Mitternacht, schwarzen Tee. Wer grünen oder roten Tee trinken möchte, bringt eigene Teebeutel mit und erhält auf Nachfrage Kippitok, heißes Wasser.

Eine halbstündige Busfahrt führt uns vorbei an sanften Hügeln und schroffen Felsen durch das Tal des Tscharysch. Galina weist uns auf den weißen Berg zur Linken hin, der im Sonnenlicht leuchtet. Sie verrät uns, dass der Berg Geheimnisse birgt, die wir später erkunden werden. Erlen und Birken säumen das Ufer des Wasserlaufs, und grüne Weiden ziehen sich die Hügel hinauf. Eine Weile versperren Schafe die holperige Straße, gleichberechtigte Verkehrsteilnehmer in diesem Teil der Welt. Drei berittene Hirten grüßen, zwei Jungen und ein älterer Mann mit einem weißen Lamm vor sich auf dem Sattel. Unser Ziel ist das kleine ethnische Museum von Mendur-Sokkon, gegründet von Nikolai Schodojew, dessen Lebensaufgabe die Überlieferung der traditionellen Weisheitslehren des Altai ist.

Eigentlich wollten wir den Museumsdirektor zu Hause mit dem Bus abholen. Doch er ist uns schon vorausgeritten und empfängt uns an der hölzernen Stele neben dem Museum, dessen Fensterrahmen wie überall im Altai hellblau gestrichen sind. Sein Schimmel, angetan mit leichtem Sattel und Zaumzeug, grast bereits friedlich zwischen blauem Storchenschnabel vor dem niedrigen Holzgebäude. Gern hätte ich den alten Herrn in der dunklen Hose, braunem Hut und Mantel zu Pferde gesehen. Nikolai Schodojew, inzwischen 80 Jahre alt, ist Lehrer und Rektor der Volksschule von Mendur-Sokkon gewesen, bis er 1986 dieses Postens enthoben wurde, weil sein Interesse für die ethnische Kultur der Regierung nicht genehm war. Bis zur Pensionierung verdiente er den Lebensunterhalt für seine Familie als Zimmermann.

Der schmächtige, kleine Mann mit dem strengen Blick, der sich nur ab und zu durch ein Schmunzeln aufhellt, macht uns mit der hölzernen Stele bekannt. Einer ähnlichen Stele, allerdings aus weißem Stein gehauen, sind wir schon bei unserem Eintritt

Der Museumsleiter, Nikolai Schodojew, vor einer hölzernen Stele

in die Republik Altai begegnet. Der geschnitzte Pferdekopf oben auf dem Pfahl, der mich an die Pferdeköpfe auf den Giebeln alter, niedersächsischer Bauernhöfe erinnert, verkörpert eine Gottheit des Altai und dient zum Schutz. Aus sieben Elementen besteht die Stele, und in jede der sieben Ausbuchtungen des Holzes sind Zeichen eingeritzt, Dreiecke, Kreise und andere Symbole: Die

Stele stellt einen Chakrenbaum dar, wobei das Chakrensystem der altaischen Weisheitslehren, das von 16 Chakren ausgeht, auf sieben reduziert ist. Und so wie vieles im Altai auf verschiedensten Ebenen wirkt, hat auch die Stele neben der geistigen und spirituellen eine ganz praktische Funktion: Besucher binden ihre Pferde an den Pfahl.

Dass einfach aussehende Dinge im Altai oft in einem komplexen Zusammenhang stehen, wird mir bewusst, als Nikolai Schodojew uns vor dem Besuch im Museum in ein Ail nebenan führt. Ails sehen ähnlich aus wie Jurten, sind allerdings meist sechseckig und aus Holz gebaut. Den Rahmen der weißen Eingangstür schützt und schmückt gleichzeitig ein hellblau gestrichenes, kunstvoll gefertigtes Brett. Weiß und Blau, das sind die Farben, die sich an vielen Fensterrahmen und in der Fahne des Altai wiederfinden: blau für den Himmel und die Flüsse, weiß für die Schneeberge. Beim Eintreten sehe ich, dass links des Eingangs Symbole für das Göttliche, die Pflanzen, Tiere und Menschen in die blaue Leiste geritzt sind.

»Ja, das ganze Universum hat seinen Platz im Ail, nicht nur wir Menschen«, erklärt uns der Leiter des Museums, nachdem wir erwartungsvoll auf den harten Bänken um das Feuer in der Mitte Platz genommen haben. Die Wände aus unbehauenen Holzbalken sind rauchgeschwärzt, es ist dämmerig im Ail, durch die kleinen Fenster und das Rauchloch fällt nur wenig Licht ein. »Der Fußboden«, führt Herr Schodojew aus, »besteht aus Erde, damit die Energien der Erde ungehindert aufsteigen und sich entfalten können.«

Er spricht von vier Arten von Strahlen, die von der Erde ausgehen: weiße Strahlen, dunkle Strahlen, Strahlen, die zwischen Gut und Böse stehen, und Strahlen, die die ersten drei in sich vereinigen. Diese vier Strahlen, die als mütterliche Strahlung bezeichnet werden, haben eine Minusenergie und verlaufen pyramidenförmig nach oben. Herr Schodojew weist darauf hin, dass im Westen diese Strahlen als Alpha-, Beta-, Gamma- und ultraviolette Strahlen bekannt sind, jedoch nicht ihre spirituelle Bedeutung.

In der Mitte des Daches, das die Form einer Pyramide hat, ist ein Loch, durch das die väterliche Strahlung mit einer Plusenergie einströmt. Diese beiden Energieströme treffen und mischen sich im Ail. Für die traditionelle Altaibevölkerung ist diese Mischung heilig.

Der Museumsdirektor lässt uns eine kleine Übung machen, um uns zu verdeutlichen, was mit der Plus- und Minusenergie, der positiven und negativen Ladung gemeint ist. »Schließt die Augen und schaut innerlich, was bei euch zu Hause gerade los ist«, regt er uns an. Ich sehe vor meinem inneren Auge das Häuschen am Waldrand, in dem ich wohne. Alles ist ruhig und in Ordnung, der Briefkasten geleert, die Blumen gegossen, ich muss mir keine Sorgen machen. Später erklärt er uns, was passiert ist, als wir »nachschauten, was zu Hause los ist«. Jeder Mensch hat in seinem Verständnis bei der Empfängnis und der Geburt eine positive und eine negative »Ladung« erhalten. Diese Begriffe sind nicht wertend gemeint, sondern vergleichbar mit der positiven und negativen Ladung eines Magneten. Die positive Ladung kann »fliegen«, an andere Plätze reisen, was bei allen Menschen im Schlaf geschieht, aber im Allgemeinen nur von Heilern und Schamaninnen bewusst eingesetzt werden kann. Und genau das haben auch wir getan, als wir »nachschauten, was zu Hause los ist«. Die negative Ladung sorgt dafür, dass wir mit unserem Körper verbunden bleiben. Wenn ein Mensch stirbt, verlässt die positive Energie, die auch als männlicher Strahl bezeichnet wird, den Körper, während der weibliche, negative Strahl immer mit dem Körper verbunden bleibt.

Während wir noch dabei sind, das Gehörte in unser Weltverständnis einzuordnen, fragt Herr Schodojew: »Was ist Seele?« Einen Augenblick herrscht Stille. »Die Essenz eines Wesens, nicht die Persönlichkeit«, sagt schließlich Angelika. Mehrere Mitreisende nicken. »Das, was ich wirklich bin, vor diesem physischen Körper und danach.«

»Seele ist Essenz, aber sie ist real«, führt er aus. »Bei der Empfängnis eines Menschen trifft die negative und positive Strahlung zusammen und bildet das Zentrum der Seele. Der Zeitpunkt der Empfängnis ist von Bedeutung für den Charakter, das Temperament und die Fähigkeiten eines Menschen. Gute Voraussetzungen sind zu Neumond gegeben. Bei der Geburt bekommt der Mensch seine Aura, daher sind die anwesenden Menschen wichtig, denn ihre Aura umhüllt das Kind zuerst. Allerdings hängt die Wirkung auf das Neugeborene noch von weiteren Faktoren, wie dem Stand der Sonne, der Sterne, des Mondes und anderen ab. Das Zentrum der Seele, die positive und negative Ladung, und die Aura verweben sich bei der Geburt miteinander – das nennen wir Seele.« fügt er hinzu.

In seinem Werk »Der altaische Bilik – Weisheitslehren aus dem sibirischen Altai« stellt Nikolai Schodojew eine tradierte, komplexe Philosophie dar, die sich über Jahrhunderte der Christianisierung und jahrzehntelange Beeinflussung durch kommunistisches Gedankengut gehalten hat. Vor einigen Jahren besuchte ihn José Argüelles, ein mexikanisch-US-amerikanischer Maler und Schriftsteller, der altes Maya-Wissen entschlüsselt hat. Die beiden Mythenforscher waren sich einig, dass wir in einer Zeit großer Umwälzungen leben und es nötiger denn je ist, dass wir uns an die Erkenntnisse und Erfahrungen indigener Völker wieder erinnern. Wie auch westliche Geomanten geht Nikolai Schodojew davon aus, dass der Erdkörper Orte von unterschiedlicher energetischer Ausstrahlung beherbergt, von denen einige als Akupunkturpunkte der Erde bezeichnet werden, deren Zustand weltweite Auswirkungen haben kann. Ein paar besonders sensible Plätze befinden sich auf den Bergen des Altai, daher sieht er die unbedingte Notwendigkeit, dass Natur und Gesellschaft in seinem Heimatland sich im Gleichgewicht, in der Balance befinden.

Ein Rundgang durch das Museum macht die ethnische Kultur bildhaft deutlich. Mir hat sich vor allem die Darstellung des Ülgen, der höchsten Gottheit des Altai, eingeprägt: Weit breitet er seine Arme aus, und unter seinen schützenden Armen leben Menschen, Tiere und Pflanzen in Frieden.

Ülgen breitet seine schützenden Arme aus

El Oyin und die Mondzeiten

Unser gelbgrüner Reisebus, der uns inzwischen lieb geworden ist, bringt uns unter Djimas sachkundiger Führung Richtung Jelo, wo das große Kulturfest der altaischen Turkstämme, El Oyin, stattfinden soll. Der Mond ist zwar nicht zu sehen an diesem sonnigen Vormittag, doch er begleitet uns unsichtbar während der ganzen Reise. Schon bei der Planung war die erste Frage: »Wie steht der Mond?« Denn wir wollen El Oyin zu Neumond und eine Schamanin bei zunehmendem Mond besuchen, der günstigsten Zeit zum Heilen. Es war schwierig für unsere Gruppe, einen gemeinsamen Termin zu finden – Urlaubsvertretung und Flugdaten wurden hin- und hergeschoben, bis wir schließlich einen passenden Zeitpunkt gefunden hatten. Wir haben unsere Fahrt bei abnehmendem Mond begonnen: ein Flugtag von Frankfurt am Main nach Novosibirsk, ein Tag im Bus von Novosibirsk nach Gorno Altaisk, zwei Tage in der Hauptstadt für Besuche im Museum, bei dem Maler und der Poetin und die unumgängliche Registrierung in einer düsteren Behörde, ein Tag bei Nikolai Schodojew.

Neumond – Schwarzmond, Dunkelmond – kenne ich aus der europäischen, heidnischen Tradition als Zeiten des Rückzugs und der Einkehr. Und hier im Altai beginnt das größte Fest ausgerechnet zu Neumond, was mich überrascht. Nikolai Schodojew hat uns jedoch erklärt, dass alle wichtigen Zeremonien im Altai, Hochzeiten und große Feste, zu Neumond stattfinden. Seine Erklärung dafür ist wissenschaftlich (noch) nicht bewiesen, sie fußt auf jahrhundertelangen Beobachtungen subtiler Energien. Wenn man bedenkt, dass die Erfindung des Radios noch nicht einmal 150 Jahre her ist, und Radiowellen vor dieser Zeit mit Sicherheit als Zauberei abgetan worden wären, ist die Annahme sicher nicht unbegründet, dass es in Zukunft wissenschaftliche Begründungen für Phänomene geben wird, die heute noch unerklärlich sind.

»Zu Neumond«, hat der Museumsdirektor ausgeführt, »wogen weiße, wellenförmige Strahlen aus der Erde, Energien, die das

Wohlergehen fördern. Wir nennen sie Spirits oder Geistwesen der Erde. Auch am 8. Tag nach Neumond, zum Halbmond, und am 12., 13. und 14. Tag – dem »weißen Vollmond« – überwiegt weiße Strahlung, die vom Polarstern auf die Erde strömt.« Nach altaischer Mythologie bildet der Polarstern den Scheitelpunkt des Himmels und ist Sitz des göttlichen Zweiergespanns Ülgen und Mongysyn. Zu anderen Zeiten, zum Beispiel am 15., 16. und 17. Tag des Mondmonats, dem »roten Vollmond«, und bei abnehmendem Mond sind die energetischen Verhältnisse schwieriger. Laut Aussage von Nikolai Schodojew richtet sich auch das Parlament der Republik Altai in seiner Terminplanung nach den Mondzeiten.

Ich habe den Mythenforscher gefragt, warum die Zeit des roten Vollmonds als so problematisch angesehen wird. Er begründete auch dies mit den Strahlungsverhältnissen. »Zur Zeit des roten Vollmonds können die weißen Energien aufgrund der Mondachsenstellung nicht ungehindert auf die Erde treffen«, erklärte er, »und zum abnehmenden Mond stehen schwarze Energien im Vordergrund.«

Im Geiste kritischer Wissenschaft geschult habe ich die Ausführungen des Museumsdirektors gleichzeitig mit Respekt und skeptischer Distanz aufgenommen. Warum sind diese Beobachtungen für uns Westler nicht erfahrbar – selbst für Menschen mit einem sensiblen Gespür für energetische Veränderungen? Sind in diesem Teil der Welt die Verhältnisse anders? Oder liegt es daran, dass bei uns die Eingriffe in das natürliche Landschaftsgefüge so groß sind, dass die ursprüngliche Kraft von Orten und Zeiten kaum noch eindeutig identifizierbar ist?

Bekannt ist im Westen, dass bei Vollmond mehr Verbrechen geschehen und mehr Kinder geboren werden, es gibt Polizeistationen und Krankenhäuser, die zu dieser Zeit ihr Personal aufstocken. Eine wissenschaftliche Erklärung dafür kenne ich nicht, doch bin ich gespannt, ob sich diese Erfahrungen irgendwann mit Erkenntnissen der modernen Wissenschaft verbinden werden.

Und jetzt ist es Neumond, und El Oyin beginnt. Das Stammesfest ruft uns und Tausende von Besuchern aus dem Altai und Russland nach Jelo. Seit der Perestroika treffen sich alle zwei Jahre die Angehörigen der verschiedenen Clans, der Sööks des Altai, die Telengiten, die an den Flüssen Tschulyman, Tschuja und Argut siedeln, die Tubalaren vom Teletskoje-See und Angehörige anderer Stämme sowie Gäste aus weiter entfernten Regionen und Ländern, um den Kosmos der altaischen Kultur zu feiern. Hunderte von Zelten, Ails und Rindentipis sind am Rande des Berges aufgebaut, wo der Blick über Bergwiesen, Fichten, Felsbrocken und die Steppe schweift. Die Besitzerinnen der kleinen Café-Restaurants warten auf Besucher und die Verkäuferinnen an den Ständen mit traditionellem Kunsthandwerk, Mützen und Ledertaschen, Pferdegeschirren, Bildern und Büchern, Kartoffeln, Cola und Kwass auf Käufer.

Der Ort, ungefähr in der Mitte des Altai, ist nicht zufällig gewählt. Die Verantwortlichen sind sich der besonderen energetischen Kräfte an diesem Berg, der eine lange Tradition als Versammlungsort hat, wohl bewusst. Nicht nur, dass hinter den Hügeln Kurgane, alte Grabstätten, versteckt liegen, bereits früher versammelten sich hier Menschen aus verschiedenen Teilen des Landes, um besondere spirituelle Zeremonien abzuhalten. Auch die Treffen der Stammesältesten, »Kurultai« genannt, und Verhandlungen mit den Ältesten benachbarter Länder fanden an diesem Platz statt. Heute ist »Kurultai« die Bezeichnung für das Parlament der Republik Altai.

Ich hocke neben Galina auf einer langen Holzbank am Berghang und beobachte gebannt, wie eine Theatergruppe auf der großen Bühne in der Grassteppe die Initiation einer jungen Schamanin darstellt. Den Kopf gesenkt hockt die junge Frau in der Mitte der Plattform. Ihre schwarzen Zöpfe fallen auf ein langes, rotes Gewand, der Kopf ist mit einer Pelzkappe aus den Fellen verschiedener Tiere bedeckt. Dumpf dröhnen die Rundtrommeln in den Händen der Schamaninnen und Schamanen, die im Halbkreis um die junge Frau versammelt sind. Jetzt stürmen Gestalten in langen, schwarzen Umhängen und schwarzer Kopfbedeckung herbei, umflattern wie ein Krähenschwarm die Trommler und versuchen, in den Kreis einzudringen, mit dem diese schützend die Initiantin umgeben. Von der anderen Seite tanzen weiße Wesen heran und ringen mit den Schwarzgewandeten. Hin und her wogt der Kampf, bis schließlich die weißen Kräfte die Schwarzen in zähem Ringen zurückdrängen, an den Rand, von der Bühne hinunter.

Langsam hebt die Frau im Mittelpunkt den gebeugten Kopf, richtet sich auf und beginnt nun selber eine Trommel mit dem uralten Symbol von Kreuz und Kreis zu schlagen. Gestärkt ist sie hervorgegangen aus dem ewigen Ringen zwischen Hell und Dunkel, Schwarz und Weiß, Gut und Böse, und wieder einmal sind die dunklen Kräfte besiegt worden.

Das Schauspiel erinnert mich an die Legende von Ak-Burkhan, die der Maler Roerich auf einem seiner bekanntesten Werke dargestellt hat. Wahrscheinlich muss der Wunsch vieler Menschen groß gewesen sein, sich aus dunklen, einengenden Vorstellungen und Verhaltensweisen zu befreien, denn die Burchanismus-Bewegung, die Anfang des letzten Jahrhunderts entstand und sich auf diese Legende beruft, ist bis heute eine ideelle Grundlage des Schamanismus im Altai. Verbot und Verfolgung während der Stalin-Ära haben nicht verhindern können, dass schamanisches Wissen und Traditionen im Sinne des »weißen Weges« von Generation zu Generation weitergegeben wurden.

Das Wechselspiel von schwarzen und weißen Energien bestimmt nicht nur die altaische Philosophie und Legenden, sondern wirkt sich auch im alltäglichen Leben aus. An Bergpässen und Quellen werden weiße Bänder aufgehängt, um die Geistwesen gnädig zu stimmen und das Wappen des Altai enthält selbstverständlich die Farbe Weiß. Und, wie bereits erwähnt, findet El Oyin zu einem Zeitpunkt statt, an dem die weiße Strahlung am stärksten ist, zu Neumond.

Zurück zu El Oyin. Ich wandere von einer Bühne zur nächsten und lasse mich von dem Gesang der Geschichtenerzähler, der Kaichis, mitreißen. Gemeinsam mit Menschen aus Russland und dem

Altai, Männern in gestreiften Trainingsanzügen, Frauen in weißen Sommerkleidern, Einheimischen in goldener und roter, weißer und hellblauer Stammestracht, lagere ich am Feuer vor einem Rindentipi und lausche den Sängern. Jungen, kaum 10 Jahre alt, mit unglaublichem Stimmvolumen treten auf, und erwachsene Kehlkopfsänger, deren Musik Geist und Seele beruhigt.

Es fällt mir schwer, weiterzuziehen, doch locken die Jubelrufe der Zuschauer bei den Ringerwettkämpfen, und ich staune über die riesigen Felsbrocken, die von den Stein-Weitwerfern bewegt werden. Auf einer Bühne führen junge Männer eine Sportart vor, die auch mein Sohn betreibt – artistische Kunststücke mit einem kleinen Ball, der minutenlang nur mit dem Fuß in der Luft gehalten wird, bei uns Hackysack oder Footbag genannt. Auch bei den Pferdevorführungen sind es junge Burschen verschiedener Stämme, die Wettkämpfe austragen, wobei der sonst so entspannt wirkende Umgang von Reiter und Pferd bei diesem Anlass recht ruppig ist.

Wilde Pferde werden eingefangen und geritten. Wer am längsten auf dem Pferderücken ausharrt, ist Sieger. Das erste Tier entkommt sofort, als der Pferch geöffnet wird, und galoppiert auf der weiten Grassteppe davon. Auch dem zweiten gelingt es, vor den drei Jungen zu fliehen, nachdem sie ihm Sattel und Zaumzeug angelegt haben. Erst beim dritten Pferd schafft es einer der Burschen, sich auf seinen Rücken schwingen. Wild buckelnd versucht es, die unbekannte Last loszuwerden, aber das ungestüme Tier beruhigt sich, als es zwei zahme Artgenossen mit ihren Reitern in die Mitte nehmen. Die Zuschauer applaudieren, und der glückliche Gewinner strahlt über das ganze Gesicht. Wenig später sehe ich ihn, begeistert ins Handy sprechend, auf einem anderen Pferd davonreiten.

In einem der Cafés nehme ich eine Portion Pelmenis, kleine Teigtaschen, in einer köstlichen Fleischbrühe mit Kräutern zu mir, bevor ich mich wieder auf den Weg zur großen Bühne mache. Über hundert Jugendliche nähern sich tanzend in einem weiten Bogen, sie bilden zunächst einen Kreis auf der Steppe, dann um den Mittelpunkt, die Bühne. Die jungen Leute sind in den Farben der vier Elemente gekleidet – weiß für die Luft, blau für das Wasser, orange für das Feuer und bunt für die Erde mit ihren Blumen. Was für ein farbenprächtiges Schauspiel vor dem Hintergrund der hellgrünen Steppe und der dunkelgrünen Tannen auf den Bergen! Auf der Plattform erzählt eine Schauspielerin den Mythos von Otschi-Balá, wie die Prinzessin von Ukok auch genannt wird, der Ahnfrau und Beschützerin des Altai. Auf ihren Ruf hin eilen die Elemente herbei, um sie in ihrem Kampf gegen Feinde des Altai zu unterstützen. Diese Erzählung ist eine Seltenheit, denn im Allgemeinen sind es männliche Helden, die in die Schlacht ziehen. Otschi-Balá, die Kriegerin, sorgte gemeinsam mit ihrer Schwester Otschira-Mandije, einer Hüterin und Seherin, für das Land und tut es in der Vorstellung der Altaibevölkerung noch heute.

Es wird erzählt, dass Otschi-Balá auch ihre schützenden Hände über den Altai hielt, als im 17. Jahrhundert die Mongolen, Russen und Chinesen mit Invasion drohten. Damals berief Oirot, einer der Ururenkel von Dschingis Khan ein Treffen der Ältesten der Clans in Jelo ein, auf dem sie beschlossen, sich unter Russlands Oberhoheit zu stellen. Ausschlaggebend für die Entscheidung war, dass Russland Geld forderte, während China die Umsiedlung der Altaier verlangte, um das Gebiet mit Chinesen zu besiedeln.

Die Fortsetzung des Otschi-Balá-Mythos beim diesjährigen El Oyin geht in einem Hagelsturm unter. Wilde Kampfszenen von großen Reiterheeren im Hintergrund der Bühne lösen sich in den kalten Schauern auf. Es heißt, dass die Spirits zürnen, weil immer mehr Land an Privatleute verkauft wird, und das Festival deshalb mit Hagel, Donner und Gewitter überschütten. Otschi-Balás schirmende Hand wird mehr denn je benötigt!

Arshan Kezerekov – Schamane und Kaichi

Wir sitzen im Ail ums Feuer bei Arshan Kezerekov. Der Schamane trägt seinen grünschimmernden, langen Schamanenmantel mit goldenen, floralen Elementen und einer goldenen Borte, dazu eine hohe Kopfbedeckung aus verschiedenen Fellen. Es ist still geworden, Arshan greift zu seinem Saiteninstrument und beginnt auf der Topshur zu spielen und zu singen. Arshan singt? Nein, Arshan, der Schamane, tönt, er pfeift, er dröhnt, zwitschert, gurgelt, galoppiert über die Steppe, fliegt mit dem Adler, so wie die Spirits es ihm eingeben. Höchste Höhen und tiefste Tiefen wechseln in rasantem Tempo, kaum hat ein schauerlich klingender Gesang sämtliche Gedärme umgedreht, erklingen himmlisch anmutende Töne und entführen in ungeahnte Gefilde. Kein bekannter Text, keine überlieferte Melodie strömt aus der Kehle des Schamanensängers, jeder Klang ist neu, einzigartig, abgestimmt auf diesen einen Augenblick, diesen Ort, die Menschen und Wesen, die hier und jetzt zusammen sind.

Plötzlich habe ich das merkwürdige Gefühl, nur aus meiner linken Körperhälfte zu bestehen. Kaum kann ich den Eindruck fassen, da gibt es einen Wechsel – und ich scheine nur aus meiner rechten Seite zu bestehen. Irgendwann bilden die Töne des Kehlkopfgesangs einen Faden, der meine rechte und linke Körperhälfte zusammennäht.

Als der Gesang endet und auch die Stille im Ail verklungen ist, erzähle ich von meiner ungewöhnlichen Erfahrung. Der Schamane unterhält sich eine Weile angeregt mit unserer Reiseleiterin, bevor sie übersetzt. Es gibt eine Legende, fasst sie schließlich zusammen, die besagt, dass durch Ängste die Körperhälften voneinander getrennt werden können. Gesang heilt diese Spaltung.

1978 wurde Arshan Kezerekov in einem kleinen Dorf im Altai geboren – einer der jüngsten und bekanntesten Schamanen und Epensänger des Altai. Als Kind war er häufig krank und galt in der Schule als zurückgeblieben, doch als er begann, seine Gabe als Sänger und Heiler auszuüben, gesundete er. Diese Begabung ist nicht nur ein Geschenk, sondern er empfindet sie häufig als schwere Bürde, denn er fühlt sich seinen Spirits gegenüber verpflichtet, keinen Hilfesuchenden abzuweisen.

Arshan Kezerekov im Ail

Ein wichtiges Werkzeug für den Sänger ist sein Instrument, die Topshur, ein Klangkörper aus Zedernholz mit einem Hals und zwei Saiten, einer männlichen und einer weiblichen. »Ich bin mit

Milch und Wodka zu einem Instrumentenbauer gegangen«, erzählt Arshan, »und habe ihn gebeten, für mich eine Topshur anzufertigen. Der Mann wusste, aus welchem Holz er das Instrument für mich schnitzen muss.« Die Verzierungen der Topshur enthalten wichtige Elemente aus der Natur, eine geschnitzte Sonne, einen Berg, ein Stück Rehfell mit drei Spitzen für die obere, mittlere und untere Welt. Die mittlere Welt ist die Alltagswelt, in der wir Menschen leben, die obere und untere Welt sind den Geistwesen vorbehalten. Auf seinem Instrument reitet der Schamane durch die drei Welten und tritt in Verbindung zu seinen helfenden Geistwesen.

Doch Arshan ist nicht nur als Schamane, sondern auch als Kaichi, als Epensänger, bekannt. In Versform und begleitet durch sein Instrument trägt der Sänger die Heldensage vor, wobei er mit seiner Stimme das Geräusch klappernder Hufe, den Ruf des Kuckucks, das Geläut von Glocken und vieles mehr imitiert. Das längste Epos dauert mehrere Tage und wird selbstverständlich auswendig vorgetragen. Einem Sänger, dem Erzähler Tschijlik aus der Shabalinsky-Region, der bei einer Vorführung einen Teil des Textes vergessen hat, soll Folgendes widerfahren sein:

Er hatte die Legende von »Altai-Buuchai« vorgetragen und sich zum Schlafen niedergelegt. Da erschien ihm Altai-Buuchai selbst und sprach zu ihm: »Hast du über mein Leben gesungen?«

»Ja«, antwortete der Sänger.

»Und warum hast du den Leuten nicht über den Kampf mit einem Bogatyr, einem Riesen, erzählt? Ich stampfte 77 eiserne Berge nieder und verwandelte sie in Asche und 77 Seen wurden trocken gestampft. Warum hast du das ausgelassen?«

»Ich habe es vergessen«, sagte Tschijlik und wachte voller Angst auf. Er sattelte schnell sein Pferd und eilte nach Hause. Kaum hatte er seiner Frau von seinem Missgeschick und Altai-Buuchais Ärger berichtet, fühlte er sich schlecht. »Ich sterbe«, sagte er – und fiel tot zur Erde.

Eine der bekanntesten unter den außerordentlich reichhaltigen Epen des Altai ist »Maadai Kara« mit der Hauptperson Kogyudei

Mergen. »Maadai Kara« ist eine typische Heldensage des Altai mit einem Protagonisten, dem es dank seiner magischen Fähigkeiten gelingt, nach zahlreichen Prüfungen und dem Kampf mit Feinden aus dieser Welt und der Unterwelt, die kulturelle Ordnung, die ins Ungleichgewicht geraten ist, wieder herzustellen. Dieses Thema der Heldenreise findet sich überall auf der Welt in Liedern, Märchen und Mythen und spiegelt Initiationsrituale und schamanische Erfahrungen.

Einmal im Jahr hat sich Arshan Kezerekov mit Elbek Kalkin, dem Sohn des berühmten Sängers Alexei Kalkin, getroffen und sie haben gemeinsam gesungen. Das erste Mal sangen sie drei Tage und Nächte ununterbrochen, bei Schneesturm und Nebel, das zweite Mal sechs Tage und das dritte Mal neun Tage lang. So singen die Kaichi die traditionellen Epen immer wieder ins Dasein, ins Heute, verbinden die Vergangenheit mit der Gegenwart und öffnen einen Weg in die Zukunft, der an Geschichte und Mythologie anknüpft.

Im September 2012 ist Arshan Kezerekov an den Folgen eines Autounfalls gestorben. Er wird unvergessen bleiben.

Alexei G. Kalkin, der berühmteste Kaichi des Altai

Der berühmteste Epensänger aus dem Altai war von Kindheit an fast blind. 1925 in dem kleinen Dorf Paspaprta in der Region von Ulagan geboren, konnte er wegen einer Augenschwäche nicht zur Schule gehen. Vielleicht war es diesem besonderen Umstand zu verdanken, dass Alexei ein phänomenales Gedächtnis entwickelte.

Im Haus seines Vaters, der auch Sänger war, trafen sich die Kaichis aus der Region, und der kleine Alexei lauschte ihrem Kehlkopfgesang oft bis spät in die Nacht. Schon bald erzählte er die Geschichten anderen Kindern und Erwachsenen weiter. Mit vierzehn Jahren musste Alexei für einige Zeit ins Krankenhaus, wo er die Patienten in seinem Zimmer mit den Legenden aufmunterte. Der Zufall wollte es, dass im selben Raum Nikolai Ulagashev lang, ein berühmter Kaichi des Altai. »Sohn, du wirst ein großer Kaichi werden. Fang an, dich beim Erzählen mit der Topshur zu begleiten«, unterstützte ihn Ulagashev. Diese Worte des bekannten Sängers feuerten Alexei Kalkin an und bestätigten ihn auf seinem Weg.

1947 gewann Kalkin auf einem Wettbewerb der siebzehn besten Kaichi des Altai in Gorno-Altaisk den ersten Preis. Jetzt war sein Erfolg nicht mehr aufzuhalten. Ein Jahr später erreichte er auch auf einem nationalen Wettbewerb in Moskau den ersten Platz von mehr als hundert Teilnehmern. Mit 23 Jahren beherrschte der Sänger über 30 Epen, von denen einige bis zu 10 000 Zeilen haben. Von 1948 bis zum Ende seines Lebens gab Alexei Kalkin Konzerte in der ganzen ehemaligen Sowjetrepublik, von Gorno-Altaisk und Novosibirsk bis nach Moskau und Leningrad (heute St. Petersburg).

Plitchenko, ein Dichter und Übersetzer aus Novosibirsk, schreibt in einer Novelle über ein Konzert von Kalkin: »Die herrliche, ..., mächtige Stimme bewirkte, dass wir nicht nur die Halle, die Stadt, sondern sogar die Zeit selbst hinter uns ließen … Die Stimme führte uns aus dem linearen Verlauf der Zeit zu jener anderen, einheitlichen Zeit, die unabhängig von Gegenwart und Zukunft existiert …«

Die schriftliche Fassung vieler Epen des Altai wurde nach Kalkins Gesang niedergelegt, der 1978 als Mitglied in den Verband der Schriftsteller der UdSSR aufgenommen wurde. Der »Homer des Altai« starb im Jahr 1998. In dem Dorf Yabogan in der Region von Ust-Kan, wo er die letzten zwanzig Jahre seines Lebens verbrachte, erinnert ein kleines Museum an den großen Sänger. So wie Alexei Kalkin den Epengesang von seinem Vater und anderen Kaichi übernommen hat, führt sein Sohn Elbek Kalkin die Tradition fort.

Im Karakol-Nationalpark »Uch Enmek«

Mitten im grünen Bergaltai, umgeben von schneebedeckten 2000ern, liegt das Karakoltal mit dem Karakol-Nationalpark. Seit Menschengedenken wird es von der einheimischen Bevölkerung als heilig betrachtet. Um besonders empfindliche Orte zu schützen, ist auf 810 Hektar der 60551 Hektar großen Fläche des Nationalparks jegliche Aktivität verboten. Auf 4777 Hektar ist die kommerzielle Nutzung untersagt, mit Ausnahme von geführten Exkursionen, und die restlichen 54964 Hektar gelten als Erholungsgebiet.

Der Leiter des Nationalparks, Danil Mamyev, empfängt unsere Reisegruppe in seinem Büro in der Kleinstadt Ongudai. Die Initiative für die Gründung des Nationalparks ging von ihm und anderen Mitgliedern von »Tengri«, einer »Schule für die Ökologie der Seele« aus. Die Einrichtung des Nationalparks 2001 war kein einfacher Prozess. »Nach der Perestroika hat sich die Regierungspolitik in Fragen des Naturschutzes stark verändert«, berichtet uns Danil Mamyev. »Früher wurden Naturschutzgebiete durch die Institutionen festgelegt. Dann kam mit der Perestroika die Privatisierung des Landes, Rechte von ethnischen Minderheiten wurden dabei nicht beachtet. Dieser Nationalpark konnte jedoch auf Wunsch der Einwohner geschaffen werden, um heilige Orte zu schützen.«

Mamyevs letzte Bemerkung lässt mich aufhorchen. In Deutschland werden Nationalparks vorrangig zum Schutz der Pflanzen- und Tierwelt sowie geologisch interessanter Naturdenkmäler gegründet. Die Bezeichnung eines Platzes als heilig, sakral, ist den Kirchen vorbehalten, seitdem auf Konzilien im 5. und 6. Jahrhundert religiöse Handlungen an Quellen, Bäumen und Steinen verboten und zum Teil mit schweren Strafen belegt wurden. Die Natur gilt seitdem als profaner Raum – in Abgrenzung zum heiligen, sakralen Raum –, was sicher mit zur rücksichtslosen Ausbeutung der Naturschätze beigetragen hat. Ich bin neugierig, was für Plätze das sind, die von den Ureinwohnern als heilig betrachtet werden.

»Im Gebiet des Nationalparks liegt der Nabelberg, der Tek Penek«, erklärt der Nationalparkleiter. »Wie der menschliche Nabel die Verbindung zwischen Mutter und Kind herstellt, so der Nabelberg die Verbindung zwischen Erde und Kosmos. Dieser Ort und weitere Plätze haben eine wichtige Funktion für unseren Planeten Erde.« Neu für mich ist, dass es nicht nur um die Beziehung von uns Menschen zu gewissen Orten geht, sondern auch um die Verbindung dieser Plätze zum Kosmos, was einen Austausch von Informationen und Energien in nahezu unvorstellbar großem Ausmaß bedeutet.

Diese besonders empfindlichen Stellen des Erdkörpers, so Mamyev weiter, sollten Menschen nur klar denkend, rein und freundlich aufsuchen, denn womit die Erde dort energetisch »gefüttert« wird, das gibt sie seiner Ansicht nach in den universellen Informationskreislauf wieder ein. Er bedauert, dass der Verkauf und die Zerstückelung dieser Orte sowie ihre unbedachte Nutzung Kommunikationsstrukturen zerstören, die Jahrhunderte und Jahrtausende für Harmonie gesorgt haben.

Während Danil Mamyev spricht, schaue ich mich in dem Büro um: ein modern eingerichtetes, helles Zimmer mit drei Schreibtischen und Computertischen, wie ich es in dem altmodisch wirkenden, nach Bohnerwachs riechenden Verwaltungsgebäude nicht erwartet habe. Bevor er fortfährt, lässt der Leiter des Nationalparks einen Augenblick seine ernsten, dunklen Augen über die Gruppe gleiten.

»Unsere Arbeit hat zwei Grundlagen«, erklärt er schließlich. »Die ethnische Kultur und die modernen Wissenschaften. Wir stellen Verbindung her zwischen beiden Systemen, Wissenschaftler lernen bei uns den Schamanismus kennen, Schamanen werden mit der Wissenschaft vertraut gemacht.«

Unser kleiner Bus bringt uns von Ongudai aus in den Nationalpark, wo wir auf einem hoch gelegenen Hang halten. Weit und grün erstreckt sich vor uns das Karakoltal bis zu einigen felsigen, Wolken verhangenen Bergspitzen am fernen Horizont. Rechterhand grasen ein paar Pferde, wie fast überall hier ohne Zäune und

Mauern. In der Mitte des Tales erhebt sich ein auffälliger, kleinerer Berg, das ist der Tek Penek, der Nabelberg, der umgeben ist von Kurganen, Gräbern aus der Pazyryk-Kultur. Vor 2 500 Jahren wurden diese Grabstätten als Schutzgürtel und Orte der Verbindung zwischen Menschen und Kosmos um den Berg angelegt. Danil Mamyev hat seine Kindheit in dem nächstliegenden Dorf verbracht. Er erzählt, dass es ihnen als Kindern verboten war, an den Kurganen zu spielen. Jetzt achtet er darauf, dass wir die Grabstellen vor 18 Uhr besuchen, zu einem späteren Zeitpunkt würden wir die Wesen der Anderswelt stören.

Danil Mamyev vor einem Kurgan

Auf einem Feldweg fahren wir weiter, in die Nähe eines Kurgans. Auf der Wiese um den mit Steinen überhäuften Grabhügel wachsen Lupinen, zartviolette kleine Astern, Edelweiß, Beifuß, hellgelbe, wilde Löwenmäulchen. Danil Mamyev hält uns zurück, bevor wir uns dem Kurgan nähern können.

»In den 60er- und 70er-Jahren, während der Sowjetzeit, hat es viele Ausgrabungen durch Archäologen gegeben. 70 Prozent der Kurgane sind ausgegraben, steinerne Stelen – »Babas« oder »Kezere« –, Felsritzungen und traditionelle Artefakte lagern jetzt in St. Petersburg in der Eremitage, in Museen in Novosibirsk, Moskau und anderswo.«

Das komplexe Kurgansystem ist nicht mehr existent. Die Trauer über die Zerstörung des diffizilen Aufbaus der Kurgane ist dem Leiter des Nationalparks anzusehen. »Nicht nur für die Einheimischen ist das ein Verlust«, führt er aus. »Im Verständnis unserer indigenen Kultur bilden all diese alten Monumente Teil eines Codes, der in verschlüsselter Form die Gesetze der Schöpfung enthält. Es gibt Verbindungen zwischen Kurgankomplexen, von denen ein jeder eine bestimmte Bedeutung für die Erde hat. Und jedes fehlende Teilchen bedeutet eine Informationslücke für unseren gesamten Planeten. Die Demontage und Zerstörung von heiligen Plätzen führt zu einem grundlegenden Ungleichgewicht, das Naturkatastrophen zur Folge haben kann.«

Mitarbeiter des Parks arbeiten daran, die Monumente aus den Museen wieder zurück ins Karakoltal zu überführen, um das Tal in seiner ursprünglichen Gestalt wiederherzustellen. Doch Danil Mamyev hat starke Zweifel, ob das jemals gelingen wird.

An den Kurganen halten wir uns nur kurz auf. Es ist nicht sinnvoll, allzu lange in ihrer Energie zu verweilen. Einige Einwohner des nächstgelegenen kleinen Dorfes sind dagegen, dass Fremde das Tal aufsuchen, doch Danil Mamyev und seine Mitarbeiter sind der Ansicht, dass das Tal behutsam interessierten Menschen zugänglich gemacht werden sollte. Er meint, dass in unserer Zeit ethnisches Wissen geteilt werden muss, um den Zustand der Erde zum Positiven zu wenden.

Unsere Reiseleiterin erzählt uns später die Geschichte einer jungen Frau, die sich zu lange an diesem energetisch stark aufgeladenen Platz aufgehalten hat und eine Gesichtslähmung bekam. Erst durch die Behandlung einer Schamanin konnte sie von der Lähmung geheilt werden. Nikolai Schodojew ist der Ansicht, dass es am Einfluss von Mineralien, zum Beispiel von Uran, liegen kann, dass Plätze für uns Menschen schwierig sind. Ein weiterer Grund dafür können Kriege, Schlachten, sein, die dort stattgefunden haben, selbst wenn diese lange Zeit zurückliegen. Häufige Unfälle können ein Hinweis auf derartige Ereignisse sein. Er empfiehlt, an diesen Orten ein Feuer zu machen oder rituell Wodka zu opfern, um die Wesenheiten zu beruhigen.

Nicht weit entfernt von den Kurganen befindet sich auf einem Gras bewachsenen Abhang eine lange Doppelreihe von niedrigen Stelen, deren Funktion bis heute wissenschaftlich umstritten ist. Ich hocke mich an eine der Stelen. Während ich in dem struppigen Gras langsam zur Ruhe komme, stellt sich mir die Frage: Warum bist du hier? Aus Neugier? Touristischem Interesse? Warum sonst?

Stelle ich mir die Frage oder stellt der Ort mir die Frage? Als ich den tiefen Wunsch in mir aufsteigen spüre, in Kontakt mit dieser alten Kultur zu erfahren, wie und wo ich auch bei uns zu Hause die Verbindung zur Erde und zum Kosmos besonders intensiv aufnehmen und stärken kann, kommt mir das Bild von einem Platz in meiner Heimat in den Sinn – eine alleinstehende Eiche am Westhang der Bückeberge. Weit wandert an diesem Ort der Blick in die Ebene, und ich erinnere mich, dass ich mich tatsächlich jedes Mal mit Himmel und Erde harmonisch verbunden fühle, wenn ich dort verweile. Manchmal bedarf es erst der Erfahrungen in der Ferne, um Geschehnisse und Dinge zu Hause in ein neues Licht zu rücken.

Danil Mamyev

Der Gründer und Leiter des Karakol-Nationalparks wurde im Jahr 1955 in dem kleinen Dorf Bichiktu-Boom im Karakoltal als Ältester von sechs Söhnen geboren. Seine Mutter, Tekesh Mamyeva, und sein Vater Ivan Mamyev wurden beide für ihre hervorragende Arbeit als Schafhirten einer Kolchose ausgezeichnet. Bevor Danil in die Schule kam, lebte er mit seinen Eltern und Geschwistern abgeschieden in den Bergen, wo sie die Tiere hüteten. Die Schulzeit war schwer für ihn nach einer Kindheit in der Natur, zumal er getrennt von seiner Familie bei Verwandten im Dorf bleiben musste. Er hatte nur befriedigende Zensuren in der Schule, schaffte jedoch trotz aller Schwierigkeiten den Abschluss der 10. Klasse. Dieser Erfolg ist sicher auch darauf zurückzuführen, dass er immer seine Lehrbücher in der Tasche hatte, wenn er im Sommer nach der Schule bei der Herde auf der Weide war.

»Ich erinnere mich an schlechte und gute Dinge aus der Kindheit«, erzählt Danil Mamyev. »Es fehlte an guter Nahrung und Kleidung einerseits, aber andererseits erinnere ich mich an den Sommer, wenn wir Schüler auf den Feldern der Kolchose arbeiteten, von der dritten Klasse aufwärts. Später halfen wir den Erwachsenen in der Taiga als Mitglieder der Jugendbrigade. Ich werde nie das Gefühl bei der gemeinsamen Arbeit vergessen – wir waren eine Einheit, immer bereit, einander zu helfen. Abends saßen wir um ein Feuer und haben gesungen und Geschichten und Legenden erzählt.«

Obwohl die Klassenlehrerin Danil prophezeit hatte, dass es für ihn nur die Perspektive gäbe, in der Kolchose zu arbeiten, schrieb er sich im Geologisch-Technischen College in Taschkent in Usbekistan ein und beendete sein Studium mit ausgezeichneten Noten. Später machte er auch noch den Abschluss in Geographie an der Universität von Taschkent sowie ein Zertifikat als Alpinist. Danil Mamyev arbeitete als Geologe in Usbekistan und reiste durch halb Asien, wo er viel Zeit allein in der Wildnis verbrachte, von den Wüsten von Kyzyl-Kum bis hin zu den Bergen von Tyan-Shan.

Während seiner Zeit in Mittelasien heiratete Danil Mamyev Klarissa Mundusova, eine Sportlerin mit Schwerpunkt Ski- und Schlittschuhlaufen. Die beiden haben einen Sohn und eine Tochter und drei Enkelkinder. Zu den Rollen von Mann und Frau in der Gesellschaft sagt Danil: »Die Frau als Haushaltsvorstand und Hüterin des Feuers der Familie ist das Oberhaupt des Hauses und der Familie. Der Mann ist führend bei der Arbeit, bei der finanziellen Versorgung und so weiter.«

Das Ziel des Leiters des Nationalparks ist, wie er es ausdrückt, den »Diamanten« des Karakoltals zu heben und allen verfügbar zu machen. Das heißt für ihn, den tiefen Gehalt der indigenen Kultur aufzuzeigen und die Menschen zu lehren, die Natur zu verstehen und mit ihr zu kommunizieren. Sein Fundament ist die Religion und Philosophie der Vorfahren der heutigen Altaibevölkerung.

Danil Mamyev ist sich sicher, dass sein Schicksal und der Geist seiner Ahnen ihn auf diesem Weg geleitet haben. »Ich glaube, dass alles, was in meinem Leben passiert ist, Gutes und Schlechtes, mir aus einem bestimmten Grund gegeben wurde. Um Erfahrungen zu machen: meine Kindheit in der Natur, die Arbeit als Geologe.« All dies hat ihn für seine Aufgabe als Leiter des Karakol-Nationalparks prädestiniert, die er mit Leib und Seele ausfüllt.

Geomantische Erfahrungen

Jessica, Rieke und Marie stecken die Köpfe zusammen und lachen, während wir durch den Nationalpark Uch Enmek fahren. Wir hatten zuvor an einem Kurgan und Stelen gehalten, die zwischen dem zweiten und dritten Dorf im Karakoltal liegen.

»Was ist los?«, frage ich neugierig.

»Es ist zu komisch«, platzt Rieke heraus, »kaum hält der Bus, stürzt ihr nach draußen, umarmt irgendwelche Steine und Stelen und verharrt dort regungslos zehn Minuten oder länger. Was macht ihr da eigentlich?«

»Spüren«, antworte ich, überrascht von der Frage und komme mir dabei töricht vor. Aufgrund meiner geomantischen Vorerfahrungen ist mir der intensive Austausch mit Steinen, Bäumen, Plätzen so selbstverständlich geworden, dass mich die Frage fast sprachlos macht.

»Und was spürt ihr an den Steinen?«, setzt Marie nach.

»Mir kommen sie vor wie die Wächter des Tales«, sage ich.

»Morgen machen wir eine Spürübung«, schlägt Anna vor. Marie bleibt argwöhnisch. »Ist das nicht alles nur Einbildung?« fragt sie. Und Rieke fürchtet, dass sie gar nichts bemerken wird. Anna beruhigt sie. »Wartet ab!«

Am nächsten Morgen, nach einem Frühstück mit Pfannkuchen, Griesbrei mit kleinen Kirschen und Marmelade, machen wir fünf eine Wanderung zum Weißen Berg in der Nähe von Ust-Kan, von dem uns Galina erzählt hat, dass er Geheimnisse birgt. Am Dorfrand sehen wir etliche halbfertige Häuser, das Klopfen von Hämmern und Kreischen von Sägen ist zu hören. Wir durchqueren Wiesen, auf denen alte Autoreifen, Plastiktüten und andere Abfälle zwischen Edelweiß und Enzian herumliegen. In einem Lärchenhain oberhalb der letzten Häuser halten wir, und Anna und ich geben eine kleine Einführung, wie man vom Herzen ausgehend Kontakt zur Erde, zum Himmel und zu allen Wesen aufnehmen kann.

Vor uns breitet eine allein stehende Lärche ihre Zweige aus.

Wir nehmen den Baum zunächst mit unserem Alltagsbewusstsein wahr: Gerade und kräftig steht er da, in frischem Grün, weit reckt er seine Äste in alle Himmelsrichtungen und berührt an einer Seite die neben ihm stehenden Lärchen. Unter seinem dichten Dach ist Platz für weidende Schafe und Kühe, die Schatten oder Schutz vor Regen suchen.

Wir stellen uns im Kreis auf, halten die Augen geschlossen, um uns besser konzentrieren zu können und bilden in unserer Vorstellung Wurzeln, die sich tiefer und tiefer ins Erdreich hinabsenken. Wir atmen die Kraft der Erde ein, schicken unseren Atem in die Erde und verbinden uns so mit ihr. Dann richten wir unsere Aufmerksamkeit auf unseren Scheitelpunkt und stellen uns vor, uns nach oben zum Himmel, zum Kosmos zu öffnen, den Atem des Himmels einzuatmen und unseren Atem hinauszusenden ins Universum. Schließlich ziehen wir gleichzeitig den Atem des Himmels und der Erde ein in unsere Herzmitte, und von der Mitte des Herzens geht unser Atem hinaus in die Welt. Vom Herzen aus nimmt jetzt jede Verbindung zu der Lärche auf.

Wir verteilen uns rund um den Baum. Stille. Nach ungefähr zehn Minuten sammeln wir uns wieder und tauschen unsere Wahrnehmungen aus. »Die Lärche ist ein Mutter-Baum für die kleinen Lärchen ringsum!« »Ein Beschützer – sie sorgt sich, wie es für sie und die anderen Bäume weitergehen mag. Das Dorf rückt immer näher an sie heran.« »Sie hat Angst, dass der ganze Hain bald gefällt wird.« »Sie hat eine Funktion für das gesamte energetische Netz des Ortes.«

Unsere skeptischen Freundinnen sind nachdenklich geworden. Fragen tauchen auf. »Ich weiß nicht, ob das meine eigenen Ängste sind oder ob mein Eindruck wirklich mit diesem Ort, diesem Baum, zusammenhängt.« Die Übereinstimmung der Aussagen vermittelt Sicherheit, dass tatsächlich ein Austausch mit dem Baum stattgefunden hat und keine Projektion eigener Befindlichkeiten. Um zum Schluss alles zurückzulassen, was nicht zu uns gehört, stellen wir uns vor, die Wurzeln aus der Erde und die Antennen in den Kosmos zurückzuziehen. Wir verabschieden uns von der

Lärche und dem ganzen Hain mit einem Lied »Froh zu sein bedarf es wenig, und wer froh ist, ist ein König.«

Über die Bergwiesen wandern wir weiter zum Fluss Tscharysch, wo wir unsere Füße in seinem eiskalten Wasser waschen, und zum Weißen Berg. Hell und weiß leuchtet uns der Berg entgegen, umgeben vom sommerlichen Grün der Weiden und Bäume am Ufer, dem tiefen Blau des Flusses und dem lichten des Himmels. Was für ein mächtiges Wesen ist dieser Berg! Ich stehe stumm da, staunend über seine Kraft. Weiße und schwarze Ziegen weiden an seinem Hang, und vier Greifvögel fliegen auf, lassen sich im Wind treiben und segeln langsam auf das Felsmassiv zu.

Galina hat uns ein wenig von dem Geheimnis des Berges erzählt. Es gibt einen Eingang in die Anderswelt, die Welt der Riesen und Zwerge und anderer unbekannter Wesen in diesem mächtigen Felsen, deshalb wird er als heilig betrachtet. Und nicht für jeden Menschen zu jeder Zeit sicher. Eine Höhle ist dort versteckt, in die keine Frau eintreten darf. Es wird erzählt, dass Frauen, die sich nicht an dieses Tabu gehalten haben, gestorben sind. Allerdings wurde die Ruhe des Berges und seiner Wesenheiten erheblich durch Ausgrabungen gestört, denn hier sind Siedlungsspuren aus der Altsteinzeit vor 600000 Jahren entdeckt worden, die älteste bekannte Siedlung in Sibirien.

Wir überqueren eine Brücke, ein quelliges, sumpfiges Stück Land mit zahlreichen, gelb blühenden Fingersträuchern und stehen unmittelbar vor den massigen Felsbrocken, die den Berg bilden. Rieke und Jessica zieht es in die Höhe, doch mich lockt es nicht hinauf, ich bleibe am Fuße des Berges bei den Quellen. Sie sind mir vertraut, lebe ich doch in Deutschland in einem Gebiet, in dem es in regenreichen Frühjahren Dutzende von Quellen gibt. Doch der Berg lässt nicht locker, ruft mich unerbittlich, näher und näher zu treten.

Ich zögere. Schon einmal hat mich ein Berg gerufen, lange ist es her, fast zwanzig Jahre, und dieser Ruf hatte schwerwiegende Folgen für mich. Die Mawenzi war es damals, die schwarze Schwester des weißen, schneebedeckten Kilimandscharo in Tanzania, die mich rief, die dunkle Seite des Lebens kennenzulernen. Dieses Mal halte ich mich zurück und schaue mich zunächst nur um. Doch als sich bei näherer Betrachtung Leben in der steinernen Welt offenbart, zieht mich der Berg mehr und mehr in seinen Bann. Ich entdecke Kräuterbüschel in Felsspalten und gelborangefarbiges, moosiges Geflecht auf den Steinen, das ich vorsichtig mit der Hand berühre. Spinnen ziehen ihre Netze, ein Wiesel schlüpft eilig davon, aus der Höhe tönt der Ruf eines Bussards – oder ist es ein Adler?

Schließlich wage ich es, mich dicht an den Berg zu lehnen, zunächst Bauch, Gesicht und Handflächen dem Felsen zugewandt, dann nehme ich, mit dem Rücken an die Steinwand gelehnt, die Kraft des Berges an und auf. »Auch du hast Kraft, eine weiße Kraft«, scheint er mir sagen zu wollen, »verleugne deine Kraft nicht, mach dich nicht klein.«

Es donnert in der Ferne. Ich bedanke mich bei dem Berg und seinen Wesen und verabschiede mich. Als ich wieder mit Anna auf der Brücke stehe und wir auf Rieke und Marie warten, sehen wir im Osten des Massivs einen doppelten Regenbogen. »Jetzt weiß ich, was die ursprüngliche Kraft der Erde ist«, sagt Anna begeistert. »Hast du sie auch gespürt? An diesem Berg kann man sie spüren! Eine Kraft ohne die Ablagerung Dutzender Schichten gesellschaftlicher und kultureller Prägung. Hier gibt es keinerlei Ablenkungen, sondern nur die klare, eindeutige, gewaltige Energie des Weißen Berges!«

Ich nicke bestätigend, aber über mein Erlebnis werde ich erst viel später sprechen können.

Galina Toptygina – eine spirituelle Geschäftsfrau

Auf dem Weg zu Galina Toptygina fahren wir auf dem Tschuja-Trakt, einer uralten Handelsstraße, auch nördliche Seidenstraße genannt, die sich von Ost nach West durch den Altai zieht. Schon vor drei Jahrtausenden wurden hier Handelswaren aus China auf Eseln Richtung Westen transportiert. Am Chike-Taman-Pass offerieren wir den Geisthütern des Passes unter einem Strauch Süßigkeiten und bitten um gutes Geleit. Das Wetter ändert sich auf der östlichen Seite des Passes, Windböen fegen durchs Tal, Regen prasselt aufs Autodach. Verschleiert ziehen die Berge an uns vorbei. Kurze Zeit später begegnen wir wieder der Katun, dem Fluss, der uns am Eingang der Republik Altai in Empfang genommen hat. Streckenweise fließt sie eingezwängt zwischen kahlen Berghängen, dann breitet sie sich aus und ihre grasbewachsenen Ufer, biegsame Birken, malerisch verwachsene Weidenbäume und mächtige Steinbrocken laden zur Rast ein. Doch Galina drängt darauf, weiterzufahren, da wir noch vor Sonnenuntergang bei der Tschuja-Oase, dem Hotel und Restaurant von Galina Toptygina, ankommen wollen.

Als Djima den Bus vor dem Hotel anhält, fällt wieder ein Sonnenstrahl durch die Wolken. Auf den Eingangsstufen empfängt uns die Hausherrin, die denselben Namen trägt wie unsere Reiseleiterin, und begrüßt uns mit einer einladenden Geste. Die Frau mit den wachen, braunen Augen, glänzenden, schwarzen Haaren und mongolischen Gesichtszügen strahlt eine selbstverständliche Autorität aus. Sie weist auf das Ail zwischen Restaurant und Hotel hin, in dem Kunsthandwerk aus der Region ausgestellt ist, und lädt uns zu einem Freundschaftsessen mit anderen Gästen ein. Doch zuerst führt uns eine Angestellte zu unseren Zimmern, wo wir uns etwas ausruhen und frisch machen können.

Im Restaurant erwarten uns zu später Stunde ein weiß gedeckter Tisch, Kerzenlicht, dezente Blumenarrangements, glänzende Weingläser, bestickte Servietten. Auf weißen Platten sind Salate und Fleischscheiben geschmackvoll angerichtet. Wieder einmal ertappe ich mich bei meinen westlichen Vorurteilen – in jedem gut geführten europäischen Restaurant hätte ich dieses Ambiente für selbstverständlich gehalten, aber im fernen Sibirien versetzt es mich in Erstaunen. Galina Toptygina eröffnet das Mahl mit einem Dank- und Segensspruch und reicht eine Trinkschale mit Kumuz herum, einem säuerlich schmeckenden Getränk aus Stutenmilch, das seit Jahrhunderten Gästen als Willkommensgruß angeboten wird.

Unsere Gastgeberin ermuntert unsere kleine Gruppe und die anderen Gäste, etwas aus unseren Heimatländern zu berichten. Ein Besucher aus Kirgistan beherrscht die Kunst, Decken aus Filz und Fell herzustellen, und hat Galina Toptygina und ihren Schwiegersohn in das Geheimnis des alten Handwerks eingeweiht. Zwei weitere Gäste sind aus Usbekistan angereist. Elena aus Samarkand kauft alte Seidenstoffe auf und lässt sie mit traditionellen und modernen Mustern bedrucken. So trägt sie dazu bei, eine Handwerkskunst wieder zu beleben, die fast in Vergessenheit geraten war. Wir bewundern ein besonders schönes Ergebnis dieser Arbeit, das sie Galina als Geschenk überreicht.

Am liebsten möchte ich mich vor dem Erzählen drücken, denn mir fällt nichts ein, was ich als passend empfinde. Doch als ich an der Reihe bin, sprudelt es aus mir heraus, und ich spreche darüber, wie sich die Altaireisen auf mich und Menschen in Deutschland auswirken. Ich erzähle, dass der Kontakt mit der altaischen Kultur bewirkt, dass wir an Wurzeln erinnert werden, die durch Faschismus, Hexenverfolgung und die gewaltsame Einführung des Christentums in Europa schmerzlich abgeschnitten wurden. So war es auch in meiner Heimat früher üblich, besondere Quellen, Bäume und Berge zu ehren – und Menschen fangen wieder damit an, denn heute können höchstens Spott und Unverständnis, aber keinerlei Strafen mehr daran hindern, diesen verloren geglaubten Faden wieder aufzunehmen.

Galina Toptygina berichtet von ihrer Vision, am Zusammenfluss von Tschuja und Katun ein spirituelles Zentrum aufzubauen. Dieser Platz, nur zwei Kilometer vom Hotel entfernt, hat eine wunderbare, kraftvolle Energie. Der weiß schäumende Tschujafluss mündet in die majestätisch dahinfließende, grün schimmernde Katun, bewacht von einem Bergmassiv, in dem sich nach Auskunft der Einheimischen ein mächtiger Berggeist, der Herr des Platzes, manifestiert. Zwei Berge formen eine Art Tor, und ein Gesicht wird bei genauem Hinschauen in den Felsspalten sichtbar.

Schon jetzt kümmern sich Galina Toptygina und ihre Familie um einen Platz mit alten Felsritzungen in der Nähe ihres Hauses. Die Familie hat einen Zaun um den Ort gezogen, um die Artefakte vor den frei laufenden Tieren, Kühen, Schafen und Schweinen sowie vor Leuten, die ihr Wohnzimmer mit Petroglyphen dekorieren wollen, zu schützen. Galinas Tochter Ruslana – nach Reisen um die halbe Welt, von Moskau bis New York, in ihr Heimatdorf zurückgekehrt – zeigt uns am nächsten Morgen diese Zeugen vergangener Kulturen, die der Wissenschaft heute viele Rätsel aufgeben.

Unter den 5000 bis 6000 Jahre alten Steinritzungen entdecke ich den gepunkteten Körper eines Hirsches auf einem graubraunen, von weißem und gelbem Moos überwucherten Felsen. Typisch für Zentralasien sind Darstellungen von Hirschen mit dem Sonnensymbol auf dem Geweih, was hier allerdings fehlt. Neben örtlichen Besonderheiten findet sich auf der ganzen Welt die gleiche ausgewählte Thematik und Symbolik in Stein dargestellt, auch die Technik von Ritzungen, Kerbungen und Steinzeichnungen stimmt überein, ja, es gab sogar weltweit analoge Prozesse bei stilistischen Veränderungen. Als »Akupunktur für den Ort« hat Danil Mamyev, der Leiter des Nationalparks im Karakol-Tal, die Felskunst bezeichnet.

Der große Plan von Galina Toptygina, das spirituelle Zentrum, wächst langsam und hat sich im Laufe der Jahre verändert. Zunächst dachte sie an ein Zentrum der Turk-Kultur. Die Turkvölker, die als Ahnen der heutigen Altaibevölkerung angesehen werden, lebten ab Mitte des 6. Jahrhunderts nach Christus im Altaigebirge und beherrschten von dort aus ein riesiges Gebiet – bis zum Baikalsee im Nordosten, zur Kaspischen See und dem

Kaukasus im Westen und im Süden bis an die chinesische Mauer und nach Tibet. »Der Sage nach haben alle Turkstämme ihren Ursprung in diesem Tal«, erzählt uns Ruslana. »Von den Wölfen sollen sie abstammen, die heute noch in den Wäldern hier leben, genau wie die Bären.«

Ich horche auf – der Hinweis auf die Abstammung von den Wölfen ist mehr als eine unglaubliche Geschichte aus alter Zeit. Es ist ein Hinweis auf die enge Verbindung des Turk-Volkes zum schamanistischen Weltbild, nach dem sich Menschen in Tiere verwandeln können und Tiere in Menschen. Deutlich wird das auf zahlreichen Skulpturen und Bildern, von Ägypten über Europa bis nach Nordamerika, auf denen zum Beispiel Menschen mit Vogelköpfen oder menschliche Gesichter auf Tierleibern dargestellt sind. Auch die Felskunst stammt aus dieser Zeit, in der die Verbindung zwischen Mensch und Tier eine tiefe spirituelle Dimension hatte. Unsere Reiseleiterin weiß von Zoya zu berichten, einer Frau, die zu einem Clan gehört, dessen heiliges Tier der Wolf ist, eine Geschichte, die im nächsten Kapitel erzählt werden soll.

Doch zurück zu Galina Toptyginas Vision. Inzwischen entwickelt sie die Idee von einem Zentrum, das alle Religionen umfasst, nicht nur die religiösen Vorstelllungen der Turk-Kultur. Interessiert lauscht sie, als ich von dem Haus der Weltreligionen erzähle, das nicht weit von meinem Wohnort vor einigen Jahren entstanden ist. In einem Ausflugspark in einem ehemaligen Steinbruch wurde ein Rundbau errichtet, in dessen Mitte um ein kreisrundes Wasserbecken Steine für das Judentum, das Christentum, den Islam, den Buddhismus, die Bahai-Religion und den Hinduismus stehen. Ich hoffe, dass irgendwann auch die Naturreligionen mit einem Stein ihren Platz in dieser Runde finden. Für Galina ist dies ein weiterer Impuls für ihr geplantes Projekt.

Galina Toptygina ist sich darüber im Klaren, dass es kein Kinderspiel sein wird, die Idee eines spirituellen Zentrums umzusetzen. Was für Schwierigkeiten es – ganz abgesehen von der Finanzierung – bei Bauprojekten geben kann, hat sie erfahren, als sie außer dem Ail und dem Hotel weitere Bauprojekte rechts und links des Restaurants verwirklichen wollte. Sämtliche Vorhaben scheiterten, so dass sie den Schamanen Arshan Kezerekov zu Hilfe rief. Dieser stellte fest, dass das erste und größte Gebäude, das Restaurant, eifersüchtig auf die anderen Häuser sei, vor allem auf das Museum im Ail, das nach Aussage des Schamanen im Laufe der Zeit mehr Bedeutung als das Restaurant bekommen werde. Arshan führte eine Zeremonie zur Harmonisierung durch, und seitdem macht ein neues Projekt Fortschritte.

Doch dies ist nicht die erste gewaltige Herausforderung in Galina Toptyginas Leben. Seit der Perestroika hat sich das Leben für die Bevölkerung des Altai stark verändert. Nach dem Zusammenbruch der Kolchosen, der kollektiven Landwirtschaft, standen Galina und ihr Mann Mikhail mit ihren drei Kindern am Punkt Null. Sie hatten im Landwirtschaftskollektiv als Schafhirten gearbeitet und kannten sich mit der Schafzucht bestens aus. Daher entschieden sie sich, weiterhin Schafe und Ziegen zu züchten. Der Start ins neue Leben war außerordentlich schwierig, aber langsam wuchs und gedieh ihre Herde.

Es blieb jedoch nicht bei der Viehzucht. Manchmal reicht ein Wort, ein Hinweis aus, damit sich Neues entwickeln kann. So war es auch bei Galina Toptygina. Das Haus der Familie liegt an einer Stelle am Tschuja-Trakt, wo die Fahrer gerne Rast einlegen, bevor sie – von Osten kommend – den schwierigen Chike-Taman-Pass erklimmen. Jemand schlug Galina vor, ein kleines Café für die Fahrer zu errichten, da sie häufig Reisende mit einem warmen Kaffee oder einer kräftigen Mahlzeit bewirtete. Gesagt, getan. Und was immer Galina tut, das macht sie mit großem Enthusiasmus. Der Verkehr in der Region nahm zu, und die »Tschuja-Oase« hatte mehr und mehr Zulauf. Nach dem plötzlichen Tod ihres Mannes führt Galina Toptygina das Restaurant und Hotel mit ihren zwei Söhnen und ihrer Tochter weiter.

Vielleicht ist der unermüdliche Unternehmungsgeist unserer Gastgeberin ihrer Kindheit in Yodro zu verdanken, einem Dorf auf einem Bergplateau von über 1 000 Metern Höhe, wo das Leben hart und schwer ist. 1954 wurde sie in einer Familie von Schafhirten geboren. Ihr Vater war für die Schafherden des Landwirtschaftskollektivs zuständig, und ihre Mutter half ihm und sorgte für die große Familie. In der Sowjetzeit war es nicht üblich, über spirituelle Dinge zu sprechen, doch einfache Bräuche, wie eine respektvolle Haltung gegenüber dem Feuer, wurden von den Menschen im alltäglichen Leben beibehalten. Obwohl Schamanismus damals verboten war, gab es in den meisten Dörfern Heilerinnen, die die Traditionen bewahrten, so auch Galinas Großmutter und Urgroßmutter. Als junges Mädchen liebte sie die Geschichten ihrer Großmutter und die Schönheit der Berge ihrer Heimat, und dies mag die Quelle sein, die heute noch ihre Schaffenskraft speist.

Wie in ihrer Kindheit, als Galina sich begeistert an den Aktivitäten ihrer Klasse und Schule beteiligte, nimmt sie seit Jahrzehnten aktiv am sozialen Leben in ihrer Region und der Republik Altai teil und gibt auch anderen Frauen den Anstoß, sich zu engagieren. So sind in einer Gemeinschaftsaktion 10 000 Bäume gepflanzt worden, vor allem Kiefern, von denen 4 000 angewachsen sind. Eine Wohltat für die kahlen Berghänge, die sich an einer Seite des Tschuja-Flusses entlangziehen!

Nach dem vorzüglichen Essen – am Vortag wurde ein Hammel geschlachtet und ich schäme mich nicht, zu sagen, dass er mir, obwohl ich im Allgemeinen vegetarisch esse, hervorragend geschmeckt hat – sprechen wir Toasts auf das geplante Zentrum unserer Gastgeberin aus, auf die Gesundheit, die Freundschaft und den Altai. Ich bin sicher, dass Galina Toptygina mit ihrem Optimismus, ihrer Klugheit und der Unterstützung ihrer Kinder und Freunde die Vision eines Tages verwirklichen wird. Sie hat schließlich schon einige Träume in die Tat umgesetzt!

Am nächsten Tag lasse ich mich ein paar Kilometer weiter, bei den Felsen von Kalback-Tasch, in einer steinernen Mulde nieder, in der ein Hirsch mit großem Geweih über zwei Steinböcken in den Felsen geritzt ist. Ich scheine mit dem Hirschen zu verschmelzen, als plötzlich ein Vogel dicht an meinem Kopf vorbeiflattert und mich aus dem tranceartigen Zustand reißt. Erschreckt fahre ich hoch und nehme dies als Warnung, mich nicht auf Kräfte einzulassen, die – zumindest zu dieser Zeit und an diesem Ort – nicht für mich geschaffen sind.

Zoya aus dem Wolfs-Clan

»In meiner Kindheit lebten wir im Sommer in den Bergen unter den mächtigen Altai-Zedern, weit weg vom Dorf«, so beginnt Zoyas Geschichte. »Meine Eltern waren Schafhirten und sorgten für das Vieh des Kollektivs, und wir Kinder halfen im Haushalt und bei den Schafen und spielten in den Hügeln. Einmal sagte meine Großmutter, ich solle Feuer machen und Tee aufsetzen, weil bald Leute kommen würden. Ich wunderte mich, weil sie niemanden erwartete und im ganzen Umkreis kein Mensch zu sehen war. Doch tatsächlich sind schon bald Leute aus dem Dorf gekommen – und Tee und Essen waren fertig.«

Zoyas Großmutter, die Mutter ihres Vaters, war Schamanin, eine gute Heilerin. Sie heilte die Mitglieder der großen Familie – Zoya ist das älteste Mädchen von sechs Geschwistern – und die Leute aus dem Dorf. Zoya ist 1961 geboren, zu einer Zeit, als Atheismus in Russland staatlich verordnet war und die Machthaber die alten, traditionellen Wege und Zeremonien nicht akzeptierten. In seltenen Augenblicken gab die Großmutter Zoya etwas von dem Wissen weiter, das im Altai gehütet wurde. Zoya und ihre Geschwister kannten den tiefen Respekt ihrer Großmutter vor der Erde, dem Feuer und der Natur in den grünen Hügeln und Bergen der Ongudai-Region. Einer der Berge, Beltir, galt als heiliger Berg. Die Leute, die die Bräuche kannten, kletterten nicht auf diesen Berg und selbst Jäger schossen dort kein Wild.

In ihrer Kindheit hatte Zoya einmal eine wunderbare Vision von der männlichen und weiblichen Gottheit des Altai, die ihr aus dem Inneren des heiligen Berges erschienen. Sie erzählte ihren Brüdern davon, doch die hielten alles für Einbildung. Die Großmutter ermahnte das Mädchen, ihre Visionen nicht mit anderen zu teilen, da diese über sie lachen würden. Später, als Zoya schon ihr Studium beendet hatte, lehrte sie die Großmutter, aus Karten weiszusagen.

Erst viel später bekam Zoya Kenntnis von ihrer Urgroßmutter, die eine sehr bekannte und mächtige Schamanin im Altai gewesen war und sechs Trommeln besessen hatte. Nur wenige starke Schamanen arbeiten mit so vielen Trommeln, sieben Trommeln sind das Höchstmaß. Jede der Trommeln erfüllt einen speziellen Zweck. Zoyas Urgroßmutter half Frauen bei der Entbindung, dafür hatte sie eine kleine Trommel mit vielen fröhlichen Glöckchen. Eine andere Trommel war die »Familientrommel«, die sie einsetzte, wenn Leute sie zu einer Hochzeit einluden, um die junge Familie zu segnen. Wahrscheinlich hatte sie auch eine »Sonnentrommel«, auf jeden Fall besaß sie eine »Wassertrommel«, weil sie viel mit Wasser arbeitete. Ihr kleines Haus befand sich neben einer heiligen Quelle, und sie war eng mit den Spirits des Wassers verbunden, die sie oft um Hilfe bat. Die Heilung der Menschen, die zu ihr kamen, nahm sie in der Nähe des Wassers vor.

Zoya erzählt weiter: »Das ist wahrscheinlich der Grund, warum ich mich auch so zum Wasser hingezogen fühle und eine eigene Heilungsmethode ausgearbeitet habe, um mit dem Wasser von Wasserfällen zu heilen. Ich erinnere mich, dass wir in meiner Kindheit im Frühling, wenn die ersten grünen Blätter zu sehen waren, zu Urgroßmutters Quelle gingen und dort Familienzeremonien abhielten. Das wurde sogar in der Sowjetzeit respektiert, da Rücksicht darauf genommen wurde, dass dies zu unserem Clan gehörte.«

Nach ihrer Schulzeit besuchte Zoya das Kultur-College in Abakan, der Hauptstadt von Kaukasien, einer kleinen Republik in der Nähe des Altai, wo sie Musiktheorie studierte. Musik unterstützt sie stark in ihrer Wahrnehmung, sie »sieht« Menschen als Instrumente mit jeweils eigenen Tönen. Sich selber bezeichnet sie als »Khomus«, Maultrommel, ein traditionelles Instrument aus dem Altai. Für einige Zeit unterrichtete sie an einer Schule Musik, bevor sie anfing, am Kunst-Institut von Barnaul zu studieren. Außerdem beschäftigte sie sich intensiv mit Philosophie und vergleichender Religionswissenschaft und verbrachte einige Zeit in einem Kloster in Kiew in der Ukraine. Zunächst zog das Christentum sie stark an, dann interessierte sie sich für vorchristliche Religionen, besonders die Veden. Ein weiterer Schritt war das

Studium des Islam und der Sufis. In den 90er-Jahren des letzten Jahrhunderts, für viele Menschen in Russland eine Zeit des spirituellen Aufbruchs, lernte sie den Zen-Buddhismus und das Agni-Yoga kennen, das ihr half, die Welt als Einheit in Verschiedenheit zu betrachten und kosmische Gesetze zu verstehen. Doch obwohl sie eine Menge an theoretischem Wissen und einige erstaunliche energetische Erfahrungen gemacht hatte, war ihre Seele immer noch auf der Suche nach innerem Frieden und Weisheit. Sie war an viele Plätze gereist, doch sie bemerkte jedes Mal, wenn sie zurück in den Altai kam, dass sie nur hier glücklich sein konnte.

Schließlich ließ sich Zoya als Journalistin in Gorno-Altaisk nieder, wo sie für das Radio und Fernsehen arbeitete. Sie heiratete, doch die Ärzte verboten ihr, schwanger zu werden, weil es um ihre Gesundheit nicht gut stand. Aber Zoya glaubte an die Prophezeiung ihrer Großmutter, die ein Kind, ein Mädchen in ihrer Aura gesehen hatte, ging das Wagnis ein – und gebar ein wunderbares Mädchen, Shanky, ein Geschenk Gottes. Die Großmutter hatte hinzugefügt, dass es für eine Frau sehr wichtig sei, dass der Schoß durch die Geburt eines Kinds geöffnet wird, um in Kontakt mit anderen Seinsebenen zu kommen.

Galina Ermolina besuchte Zoya vor einiger Zeit. Als sie in den Raum eintrat, fiel ihr Blick auf einen auffallend fein gearbeiteten Traumfänger mit dem Bildnis eines Wolfes – stark, ruhig und weise. Galina fragte danach und Zoya erzählte, dass das Totemtier ihres Clans, der Todosh, der Wolf ist. Die Leute der Todosh nennen sich selbst Blaue Wölfe. Jeder der Stämme hat ein heiliges Tier, die Baiana genannt werden. Zur gegebenen Zeit werden für die Baianas Rituale ausgeführt, um den Stamm vor bösen Geistern zu schützen. Auch sind sie mit Tabus verbunden, bei deren Übertretung die schwerste Strafe der Tod von Familien- oder Clanmitgliedern sein kann.

Vor langer, langer Zeit, sagt die Legende, überlebte ein zehnjähriger Junge eine Schlacht. Er wurde von den Feinden nicht getötet, doch seine Arme und Beine wurden abgeschnitten und er wurde in einen See geworfen. Eine Wolfsmutter fand ihn und fütterte ihn mit Fleisch. Als die Krieger das sahen, wollten sie die Wölfin und das Kind töten. Aber die Wölfin floh mit dem Jungen in die Berge, wo sie Schutz in einer Höhle fanden. Dort gebar sie ihm zehn Söhne, die alle heirateten und Kinder bekamen. Jeder von ihnen gründete später seinen eigenen Stamm.

»Früher spürte ich meine Verbindung zu den Wölfen nicht«, fuhr Zoya fort. »Ich war ein ganz gewöhnliches Mädchen, wie alle anderen. Erst als ich ein Kind geboren habe, wuchs in mir ein Gefühl der Zugehörigkeit zu den Todosh. Es gab ein paar Ereignisse, bei denen die Wolfsenergie in mir erwachte. Meine Tochter war drei Jahre alt, es war Sommer und sie spielte auf dem Balkon. Ich war gerade in der Küche beschäftigt. Als ich aufsah, bemerkte ich, dass Shanky auf einem Stuhl stand und mit einem Fuß schon dabei war, über die Brüstung des Balkons zu klettern. Ich weiß nicht, was passierte, aber plötzlich spürte ich ein fremdes Gefühl in meinem Innern, irgendeine fremde Kraft trieb mich an, einen Sprung vorwärts zu machen, durch den ganzen Raum bis zum Balkon, und im letzten Moment rettete ich meine Tochter.

Ein anderes Mal war ich anwesend, als die Schamanin Maria und ihr Cousin ein besonderes Ritual abhielten. Wieder fühlte ich den geänderten Bewusstseinszustand, diesmal hörte ich das Heulen einer Wölfin in meinem Inneren und beobachtete, dass sich in dem Heulen meine eigene Kraft manifestierte.«

Zoya betrachtet sich selber nicht als Schamanin, doch sie kennt viele Traditionen und Zeremonien von ihrer Großmutter und im Laufe der Zeit entwickelten sich ihre spirituellen Fähigkeiten, und ihr inneres Wissen zeigt sich mehr und mehr. Manchmal legt sie Karten im Freundeskreis, doch am liebsten legt sie Karten für Menschen, die sie das erste Mal sieht. »Es ist besser, wenn man nichts über eine Person weiß«, sagt sie. »Dann bekomme ich die Informationen von meinem inneren Selbst oder von den Spirits, ich weiß nicht, woher.«

Im Sommer führt sie Freunde und Bekannte an wilde und abgelegene Plätze im Altai, zu Wasserfällen. Dort arbeiten sie mit der Energie der Wasserfälle, nach Zoyas Erfahrung eine äußerst wirksame Art und Weise, um physische und psychische Probleme zu heilen. Die Methode hilft, etwas aufzulösen, was fast jeder Mensch hat: Angst. Diese Ängste können sehr alt sein, aus der Kindheit stammen oder über die Gene von unseren Vorfahren geerbt sein. Angst kann unsere Entwicklung auf allen Ebenen hemmen, daher ist es so wichtig, sich davon zu befreien.

»Man sollte sich drei Tage in der Nähe des Wasserfalls aufhalten und sich jeden Tag drei Mal in die herabstürzenden Wasser begeben. Wenn man dazu in der Lage ist, öffnet man sich für die Weisheit der Natur so weit, wie jeder Mensch dazu in der Lage ist. Nach dem ersten Mal wollen die Leute immer wieder kommen. Jedes Mal, wenn wir dort sind, befolgen wir die traditionellen Rituale der Kommunikation mit den Spirits der Natur, die uns umgibt. Wir wenden uns an den Wasserfall und sagen: ›Wir sind deine Gäste, wir sind gekommen, um Hilfe zu erbitten. Hilf uns, dass unsere Herzen, Seelen und Körper reiner und klarer werden.‹«

Zoya erklärt den Teilnehmenden, dass wir mit dem Wasser und allen Lebewesen auf dieser Erde, den sichtbaren und unsichtbaren, respektvoll umgehen müssen. Auch erinnert sie an Sicherheitsregeln und bittet die Leute, um Schutz zu beten. Ein kleines Gebet heißt: ›Ich beiße die Natur nicht, und die Natur beißt mich nicht.‹ Besonders zu Beginn des Sommers ist das wichtig, denn es gibt auch im Altai Zecken, deren Biss gefährlich werden kann.

»Es ist die Aufgabe der Menschen aus dem Altai, seine Schönheit zu bewahren«, sagt Zoya. Sie setzt sich mit ihrem Wissen und ihren Fähigkeiten dafür ein und verbindet Überliefertes mit dem Leben im 21. Jahrhundert.

Zu Besuch bei einer Schamanin

Wir brechen morgens bei Regen auf und fahren, begleitet von Schauern, durchs Tschuja-Tal flussaufwärts. Der Fluss umspielt Felsbrocken, Wiesen säumen sein Ufer, Birken und Weiden. Mich zieht es weiter, zu Maria Amanchina, der Schamanin. Meine Aufregung wächst. Wie wird mich Maria empfangen? Offen und herzlich oder verschlossen und abweisend? In Aktasch halten wir an einem Restaurant und probieren Borschtsch, die rote, russische Suppe aus Kartoffeln, Zwiebeln, Rote Beeten, Weißkohl, Möhren, Paprika und Fleisch, dazu Kohl in Blätterteig, ein gutes, kräftiges Gericht.

Als wir schließlich die mächtigen Felstürme passieren, die sich wie steinerne Wächter rechts und links der Straße erheben, bevor die karge Hochebene von Kosch-Agatsch sichtbar wird, klart der Himmel ein wenig auf. Die Berge ringsum hüllen sich weiterhin in Nebelwolken. »Die Wolken, das sind die Gedanken der Berge, des Altai«, sagt Galina und lässt uns darüber rätseln, was für Gedanken die Gipfel in die Atmosphäre senden.

Und dann kommen wir endlich in Marias Dorf an! Der Bus rumpelt über die breite, leere, sandige Dorfstraße, vorbei an von Lattenzäunen umschlosssenen Höfen mit kleinen Holzhäusern. Ein kurzer Blick über eine der Einfriedungen zeigt einen Jungen, der mit einem angeketteten Hund spielt. Eine braun-weiße Kuh trottet gemächlich an uns vorbei, zielsicher ihrem Stall entgegen. Telegrafenmasten stehen am Straßenrand, die elektrischen Leitungen durchziehen das Dorf wie ein Spinnennetz. Die Höfe sind staubig, es gibt keine Gärten, weder Gemüse noch Blumen, kein Baum und kein Strauch ist zu sehen. Schließlich heißt die nächstgelegene Stadt Kosch-Agatsch, zu deutsch »Der letzte Baum«. Das Heu wird ohne Schutz auf den Stalldächern gelagert, keine Gefahr, dass es durchnässt wird. Es ist Juli, und in diesem Jahr hat es noch nicht geregnet! In die Mitte der mächtigen asiatischen Landmasse verirren sich selten Regenwolken, doch wir haben Regen mitgebracht, ein gutes Zeichen.

Als Djima am Dorfrand an einem Hofzaun hält, vor dem ein geschnitzter Holzpfahl mit einem Pferdekopf steht, beginnt es, leise zu tröpfeln. Ich recke und strecke meine steif gewordenen Glieder und klettere aus dem Bus. Djima hat das Tor geöffnet, um den Bus in den Hof zu fahren. Die Tür des Ail steht weit offen, das Feuer brennt. Aber wo ist die Schamanin? Galina eilt in die Nachbarschaft, zur Familie von Marias Cousin, um sie zu suchen. Während wir uns die müde gewordenen Beine vertreten und uns erwartungsvoll umschauen, beginnt es, stärker zu regnen. Wir drängen uns unter das Vordach des kleinen Wohnhauses, ins Ail wagen wir uns nicht. Die Blicke schweifen über die leere Hundehütte und einen stattlichen Holzstapel am Bretterzaun hinweg in die Weite, über die Steppe zu den Berggipfeln am Horizont, die langsam einen weißen Schimmer annehmen. »Cneg, Schnee!« sagt Djima. Und da kommt auch schon Galina mit der Heilerin. Im Westen bricht die Sonne wieder hervor, und im Osten zeigt sich ein doppelter Regenbogen!

Meine Ängste lösen sich auf, Maria Amanchina begrüßt mich mit einem freundlichen Lächeln. Jung sieht sie aus, alterslos, obwohl sie über fünfzig Jahre alt ist. Ihre glatten, hellbraunen, mongolischen Gesichtszüge faszinieren mich ebenso wie die zarten, gebräunten Hände der Heilerin. Von diesen Händen habe ich schon geträumt, im Traum hielt ich meine Hand heilend über etwas, das ich nicht wahrnehmen konnte, und Maria stand hinter mir, schützend und stärkend, und hielt ihre Hand über die meine zur Unterstützung. Im Traum trug die Schamanin ein festliches, schwarzes Gewand heute trägt sie einen bunten Kittel über der dunklen Hose, dicke Socken, Gummischuhe und ein geblümtes Kopftuch.

Maria bittet uns ins Ail. Durch die niedrige Tür im Osten des hölzernen Baus treten wir gebückt in den halbdunklen Raum. In der Mitte brennt das Feuer, das Zentrum des Ails. Das Feuer ist heilig, kein Abfall darf darin verbrannt werden. Die Flammen zischen und qualmen, und der Rauch entweicht durch das Rauchloch an der Spitze des pyramidenförmigen Dachs. Auf einem dreibeinigen Metallgestell ruht der Kessel über dem Feuer. Rechts und links der Feuerstelle stehen in zwei Halbkreisen Holzklötze und Hocker mit schwarzem Fellüberzug, nur der Raum gegenüber vom Eingang bleibt frei von Sitzgelegenheiten. Maria nimmt auf der rechten Seite Platz, neben ihr Galina, wir hocken uns links hin. An einer Stelle hat sich auf dem Boden eine Pfütze gebildet, denn durch das Rauchloch kann nicht nur der Rauch abziehen, sondern außer der Luft, dem Atem des Himmels, auch Regen eindringen, wenn es unverschlossen ist.

An der Wand hinter der Schamanin sehe ich einen Esstisch mit abgedeckten Küchenutensilien, einem CD-Player und einem Telefon, daneben ein Tischchen mit einer elektrischen Kochplatte, eine Mikrowelle, eine schwere Wasserkanne, mit der das Wasser aus der Quelle geholt wird, und eine Küchenhexe, ein Holz beheizter Herd. An den Wänden hängen Poster mit Kräutern und Fleisch und ein Bild mit zwei Kindern, einem Jungen und einem Mädchen. Gegenüber vom Eingang befinden sich hinter einem Vorhang eine Liege mit einer bunten Decke und ein paar Dinge, die unsichtbar bleiben.

Die Schamanin entzündet einen Wacholderzweig, und ein würziger Geruch zieht durch den Raum. Sie tritt zu uns Reisenden und streift die Aura jeder einzelnen mit dem brennenden Zweig ab. »Zur Reinigung«, übersetzt Galina. Dann begrüßt sie uns offiziell und erkundigt sich nach unseren Namen und unseren Familien. Wir überreichen ihr Geschenke, Maria liebt Schokolade, und wir haben reichlich in bester Qualität mitgebracht. Schließlich steckt die Schamanin ihre Pfeife an und beginnt, zu von sich und dem Altai zu erzählen.

Sie zeigt auf einen senkrecht stehenden Baumstamm mit zwölf Kerben hinter der Feuerstelle. Das ist ihr Stammbaum, zwölf Kerben für die zwölf Generationen von Schamanen in ihrer Familie. Das Zeichen ihres Stammes, ein Vogel, ist aus Metall gehämmert und an der Spitze befestigt. »Und was bedeutet der Pferdekopf draußen auf dem Pfahl vorm Hof?«, fragt Jessica. »Ein Pferdekopf weist darauf hin, dass das Familienoberhaupt eine

Frau ist, ein Hirschkopf, dass der Kopf der Familie männlich ist«, erklärt Maria.

Jeder Stamm hat seine Schamanen und Schamaninnen, Jarlytschki, und alle haben eine eigene Trommel mit eigenen Zeichnungen. Die Formen der Trommeln sind bei den verschiedenen Stämmen unterschiedlich, sie können rund, dreieckig oder eine Mischung von Kreis und Dreieck sein. Da die verschiedenen Formen jedoch in Vergessenheit geraten sind, sind die meisten Trommeln heutzutage rund. Angelehnt an den Schamanenbaum steht Marias Trommel, ein geschnitztes, schweres Instrument, das mit Muscheln und Schellen behängt ist.

Als Anfang des 20. Jahrhunderts die Schamanen verfolgt wurden, haben die Menschen in der entlegenen Region von Kosch-Agatsch, nahe der Grenze zur Mongolei, versucht, diese zu retten. Manchmal mussten die Jarlytschki und die Gegenstände, die zur Heilung benötigt werden, versteckt werden. Daher ist in dieser Gegend viel in Sicherheit gebracht worden und einige Fertigkeiten sind überliefert, wie die Kunst, gestickte Bilder mit den besonderen Zeichen der Schamaninnen anzufertigen. Marias Bild zeigt unter anderem einen Hasen, der ein Symbol von Marias Stamm ist, wie von etlichen anderen Stämmen auch. Eine Legende berichtet, wie es dazu kam:

»Die sieben Töchter des Himmels flogen einst zur Erde und legten ihre Kleider und Flügel ab, um in Milch zu schwimmen. Ein Mann berührte die Kleidung einer der Frauen. Da war sie nicht mehr rein und pur und musste auf der Erde bleiben – als Hase.«

Über der Tür des Ail hängen Knochen von geopferten Schafen. Jeder Knochen repräsentiert einen Vorfahren und seinen Stamm, und für jeden Knochen gibt es ein besonderes Ritual. Auch hierzu kennt Maria eine Sage:

»Ein Jäger saß einmal in der Wildnis allein am Feuer, als sich ein Wolf anschlich. Sofort legte der Jäger den Knochen seiner Ahnen neben sich und mit einem Mal erschienen viele Leute ums Feuer. Da bekam der Wolf Angst und lief davon.«

»So helfen die Knochen einer Person, die allein ist«, schloss

Maria ihre Erzählung. »Die Vorfahren sind da, und man ist nicht mehr einsam.«

Das wichtigste Medium der Heilerin ist die Pfeife. Ihre Pfeife ist 80 Jahre alt und gehörte einer Schamanin, die mit 90 Jahren starb. Dann ging sie in den Besitz ihrer Schwiegertochter und einer weiteren Person über, ehe sie zu Maria kam. Die Pfeife vermittelt Maria Informationen. Bestimmte Töne verraten, ob ein Sturm naht. Der Tabak gibt Auskunft über die Person, die Heilung bei ihr sucht. Bei Krankheit geht der Tabak aus und hinterlässt eine Zeichnung, die Aussagen über den Kranken und die Krankheit macht. Oft bittet die Schamanin auch die Hilfesuchenden, Wasser mitzubringen, von dem sie etwas über den Menschen erfährt. Seitdem der Japaner Masuru Emoto wissenschaftlich nachgewiesen hat, dass Wasser jede Information aufnimmt, ist diese Vorgehensweise auch für uns Westler nicht mehr so fremd – bleibt nur die Frage, wie die im Wasser gespeicherten Nachrichten entschlüsselt werden können. Zur Heilung besingt und bespricht Maria häufig das Wasser, das von den Klienten in individuell festgelegten Mengen und Abständen getrunken wird.

Weitere Medien, mit denen Maria Amanchina arbeitet, sind die Khomus, eine Maultrommel, und die Topshur. Die Khomus setzt die Schamanin gezielt bei psychischen Problemen von Klienten ein, da die Musik hilft, sich zu entspannen. Topshur spielen Frauen normalerweise nicht, auch Kehlkopfgesang ist Sache von Männern. So gibt es Regeln und auch wieder Gründe, sich nicht an diese zu halten, wichtig ist allein der Augenblick und das, was jetzt und hier zu tun ist.

Maria hat sich nicht danach gedrängt, Schamanin zu werden, obwohl ihrer Mutter schon vor ihrer Geburt prophezeit wurde, dass ihr siebtes Kind – Maria – eine Schamanin sein würde. Sie wuchs auf wie jedes Mädchen, war jedoch oft ohne erkennbaren Grund krank und hatte im Alter von 14 Jahren eine lebensgefährliche Krankheit. Die Visionen, die sie schon damals hatte, verheimlichte sie. Als sie neunzehn war, sagte ihr eine alte Frau, dass sie die Gabe hätte, Menschen zu heilen und dieses Geschenk entwickeln müsse, doch Maria wollte ein normales Leben führen, wurde Schneiderin, heiratete und bekam einen Sohn. Ihr erster Mann starb, und die zweite Ehe wurde bald geschieden. Im Alter von 32 Jahren erkannte Maria aufgrund ihrer gesundheitlichen Probleme, dass sie keine Wahl hatte – sie musste sich ihrer Berufung stellen oder sie würde sterben. Alexander Kalkin, der berühmte Kaichi, Visionär und Hellseher gab ihr seinen Segen mit den Worten: »Du bist auserwählt. Die kommenden Zeiten werden sehr schwer für die Menschen sein, viele werden deine Hilfe als Heilerin und weiße Schamanin benötigen. Je mehr du den Menschen hilfst, desto stärker wirst du werden.« Ihren Weg musste Maria allein finden, sie hatte von Kindheit an erlebt, wie alte Frauen im Dorf heilen und sie hatte ihre Spirits, Geistwesen, die ihr helfend zur Seite stehen. »Man kann nur von seinen Spirits lernen, nicht von anderen Menschen«, erklärt Maria.

Doch zurück ins Ail. Die Schamanin erzählt, dass es vor ein paar Tagen noch 42 Grad heiß war, zur Zeit ist es kühler, nachts sinken die Temperaturen auf drei bis vier Grad. Maria spricht uns wie schon Schodojew auf die Klimaveränderungen an und fragt, ob wir sie auch beobachten. Derart extreme Wechsel zwischen Hitze und Kälte hat es früher im Altai nicht gegeben, und auch in Deutschland erleben wir seit einigen Jahren starke Witterungsschwankungen. Der Klimawandel und die Erdveränderungen beschäftigen die Schamanin sehr, denn eines ihrer wichtigsten Anliegen ist, dass Menschen und Natur im Gleichgewicht miteinander leben. Der Altai gilt geomantisch als ein besonders sensibler Bereich, Störungen und Disharmonien können laut ihrer Aussage Auswirkungen auf den gesamten Erdball haben. Die Heilerin arbeitet weltweit vernetzt mit anderen Schamanen daran, für Balance auf der Erde zu sorgen.

Wir verbringen zwei Tage mit Heilsitzungen bei Maria, über die an anderer Stelle berichtet wird. Hier sei nur eins gesagt: Jede Sitzung ist einmalig. Nur wenige Grundelemente sind Bestandteil jeder Sitzung: das Feuer in der Mitte, die Reinigung mit einem brennenden Wacholderzweig und das Rauchen der Pfeife, durch die Maria Kontakt zu ihren helfenden Geistwesen aufnimmt. Von diesen Wesen erhält sie die notwendigen Informationen. Die Schamanin erzählt auf unsere Frage hin, dass sie ihre Helfer aus der nichtalltäglichen Wirklichkeit neben den Klienten stehen sieht und auf körperliche Schwachstellen hinweisen.

Manchmal teilt Maria den Menschen, die sie aufsuchen, etwas über Ereignisse in der Vergangenheit mit, manchmal möchte sie wissen, mit welchem Anliegen jemand zu ihr kommt. Hin und wieder gibt sie Ratschläge, welche Tees oder Speisen man zu sich nehmen sollte, um zu gesunden. Ab und zu spielt sie Khomus oder Topshur, aber selten benutzt sie die Trommel für Heilungen. Nur einmal habe ich es erlebt, als sie mit lautem Trommelschlag Angstdämonen vertrieben hat. »Der Erdkörper hier im Altai ist zu empfindlich, er verträgt den lauten Trommelschlag nicht«, ist die Erklärung dafür. Es kann auch vorkommen, dass Maria auf eine Frage nicht antwortet, sondern sagt, dass das Thema jetzt nicht an der Reihe ist.

Die Fähigkeit zur Wahrnehmung zahlreicher Phänomene, die unseren Augen in der alltäglichen Wirklichkeit verborgen bleiben, führt bei Maria – wie bei vielen Menschen, die schamanische Arbeit machen – dazu, dass sie sich im Alltag etlichen Einschränkungen unterwerfen muss, um nicht von Informationen und Energien überflutet zu werden. So vermeidet sie gesellige Zusammenkünfte und hat sogar ihre Teilnahme an Hochzeiten im Dorf absagen müssen. Regelrechte Tabus gibt es nach Todesfällen. Als während eines meiner Besuche bei der Schamanin ihre Tante starb, konnte sie keine Sitzungen mehr abhalten. Alle Heilungssitzungen und Readings mussten bis nach dem nächsten Neumond verschoben werden. Immer wieder habe ich erlebt, dass sich Pläne von Reisenden zerschlagen haben und Vorstellungen zerbrachen. So verlockend der Traum von einem Besuch bei Schamanen in einer fremden Kultur ist, so schwierig kann es sein, sich auf die Realität einzustellen, wenn die Dinge anders laufen, als wir es mit unserer Art, zu planen und einem Monate vorher festgelegten Reiseprogramm zu folgen, gewohnt sind.

Als ich aus dem Ail trete, ist der Himmel azurblau. Über den Bergketten türmen sich lichte Wolkenballen, und das Spiel von Schatten und Licht lässt Täler und Hügel abwechselnd hervortreten und verschwinden und zaubert tausend Farbvariationen von Grün, Braun und Grau auf die Hänge. Auf der kargen Steppe zieht eine Gruppe von Kühen Richtung Dorf zum Melken, einige rupfen noch hier und da eines der wenigen, harten Grasbüschel ab. Kleine, schwarze Vögel piesacken einen Greif auf dem Dach des gegenüberliegenden Stalles, umzingeln und hacken nach ihm, bis er zur Seite rückt. Mehr als ein Dutzend Greifvögel treibt über den Himmel, einige segeln im Niedrigflug über Marias Ail hinweg. Sind es schwarze Milane? Niemand kann mir darüber eine Auskunft geben, was an den Schwierigkeiten der Übersetzung vom Altaischen ins Russische, ins Englische, ins Deutsche liegen mag. Aber ich suche ja auch nach Antworten auf andere Fragen, und die soll ich erhalten.

Gibt es einen Heiler in deiner Familie?

»Gibt es einen Heiler in deiner Familie?«, fragt Maria, während ich mit ihr, einer Freundin und Galina in dem rauchigen, halbdunklen Ail um ein paar glimmende Holzscheite sitze. Die Frage überrascht mich. Ich habe der Schamanin von den periodisch wiederkehrenden, schweren Unfällen und Krankheiten in meiner Familie erzählt, die jetzt auch meinen Sohn ereilt und mit dem Tode konfrontiert haben. Maria hüllt sich in ihren Mantel, den sie über ihren Kittel geworfen hat, zieht ein paar Mal an ihrer Pfeife und schaut ins Feuer.

»Ein Heiler? Nicht, dass ich wüsste…«, meine ich zögernd, nachdenklich. Dann fällt mir mein Großvater ein. Ich habe ihn nie kennengelernt, sechs Monate vor meiner Geburt ließ er sich von einem Zug überfahren und setzte so seinem Leben ein Ende. Als manisch-depressiver Mensch schon lange auf einem schmalen Grat wandernd, haben ihn die Vertreibung von seinem mecklenburgischen Gut und die Heirat seiner jüngsten Tochter, meiner Mutter, endgültig aus der Bahn geworfen. Zwei seiner Kinder folgten ihm später freiwillig in den Tod.

Plötzlich erinnere ich mich an einen Satz dieses Großvaters, der mir von einer entfernten Bekannten mitgeteilt worden war. Die alte Frau hat erzählt, dass der Großvater ab und zu Ratschläge gegeben hat. »Wenn deine Augen brennen, schau ins Grüne«, hat er gesagt. »Grün ist gut für die Augen.«

»Gerade ist mir mein Großvater eingefallen«, äußere ich, unsicher, ob diese Erinnerung von Bedeutung ist. In diesem Augenblick betritt ein alter Mann den Ail, ein guter Freund der Heilerin, und setzt sich zu uns in die Runde. Diese Synchronizität von Ereignissen gilt im schamanistischen Weltbild als Bestätigung einer Äußerung oder Wahrnehmung.

»Ja, die Unfälle und Krankheiten haben mit deinem Großvater zu tun«, sagt Maria und schaut mich an. »Er hat viel Schuld auf sich geladen, seine Seele ist nicht zur Ruhe gekommen.«

Ich weiß von der Schuld meines Großvaters, auch wenn in

der Familie viel dafür getan worden war, sie zu verharmlosen und unter den Tisch zu kehren. Das Leid, das er seiner Frau und seinen Kindern, auch meiner Mutter, zufügte, wurde von diesen als exzentrische Ausbrüche eines reichen Gutsherrn hingenommen. Er war ein Mensch mit zwei Gesichtern, nicht nur dem manischen und dem depressiven. Innerhalb der Familie ein Tyrann, gab er sich nach außen als sozialreformerischer Freigeist, der seine Landarbeiter so vorbildlich behandelte, dass er beim Einmarsch der Roten Armee 1945 als einziger Großgrundbesitzer der Gegend nicht erschossen wurde.

Zwei Rituale trägt mir die Schamanin auf, um seinen Geist, der noch nahe der Erde weilte, zu beruhigen. Ein Kerzenritual in einer orthodoxen Kirche und eine Zeremonie an einer Quelle in meinem Geburtsort. Dass Maria mir rät, in eine Kirche zu gehen, verwundert mich nicht weiter. Weder zur Schulmedizin noch zum Christentum hat sie Berührungsängste. Wenn sie beziehungsweise ihre Spirits es für sinnvoll halten, werden Menschen, die zu ihr kommen, zu Ärzten oder in die Kirche geschickt. Auf Anraten ihrer Spirits hat sich Maria selber vor ein paar Jahren taufen lassen, auch wenn sie seitdem nur selten eine Kirche besucht hat.

Auf der Rückfahrt von Tyungur halten wir an der orthodoxen Kirche von Ust-Koksa. In orthodoxen Gotteshäusern gibt es Plätze, an denen Kerzen für die Verstorbenen entzündet werden und Plätze, wo Kerzen für die Lebenden stehen. Auch andere aus unserer Reisegruppe wollen Kerzen für Verstorbene aufstellen.

Reich geschmückt leuchten die Zwiebeltürme der Kirche. Der Weg zum Haupteingang führt durch einen bunten Blumengarten. Wir bleiben einen Augenblick auf einer Bank sitzen und genießen den Anblick der Blumen. Anna beginnt zu weinen. Auch sie ist hier, um eine Kerze aufzustellen: für eine Freundin, die an der Reise teilnehmen wollte und ein paar Monate vorher gestorben ist. Die Freundin liebte Blumen, und der Anblick des Gartens weckt traurige Erinnerungen. Da taucht ein kleines Mädchen auf, baut sich mit ernstem Blick vor Anna auf und schüttelt den Kopf, während sie mahnend den Zeigefinger erhebt. Ihre russischen Worte verstehen wir nicht, aber das Auftreten und die Ausstrahlung dieses Kindes versetzen Anna so in Erstaunen, dass ihre Tränen auf der Stelle versiegen.

Gesang schallt uns entgegen – in der Kirche wird ein Gottesdienst zelebriert. Unsere Reiseleiterin klärt ab, dass wir die Kirche trotzdem betreten dürfen. Auch innen ist das Gotteshaus reich ausgestattet, die Wände sind mit goldfarbenen Ikonen bedeckt. Wir bleiben eine Weile auf der linken Seite, der Frauenseite, zwischen den betenden Frauen in langen Röcken mit bedeckten Köpfen stehen. Auch wir haben unsere Haare verhüllt, aber Röcke tragen wir nicht. Zwei Frauen, die offensichtlich für den Ablauf des Gottesdienstes sorgen, entdecken diesen Mangel und hüllen wenigstens die Älteste aus unserer Gruppe in einen schwarzen Wickelrock. Sie wirkt so verändert, dass ich sie erst auf den zweiten Blick wiedererkenne.

Während der Pope in einem glänzenden, hellblauen Gewand mit einem gleichschenkligen, goldenen Kreuz ein Weihrauchgefäß schwenkt und uns umrundet, bete ich unaufhörlich für meinen Großvater. Mögen ihm seine Sünden vergeben werden, möge seine Seele Frieden finden, mögen wir Lebenden in Ruhe leben.

Im hinteren Teil der Kirche gibt es Kerzen zu kaufen. Irgendwann ist es Zeit, und ich nähere mich dem Platz, wo die Kerzen für die Verstorbenen aufgestellt werden. Eine Kerze, damit ihm seine Sünden vergeben werden, eine Kerze, damit seine Seele Ruhe findet. Und eine Kerze am Platz für die Lebenden, damit wir in Ruhe leben können. Zurück an meinem Platz zwischen den betenden Frauen merke ich, dass sich mein Gebet unmerklich verändert hat. Nun bitte ich nicht mehr, ich bedanke mich dafür, dass die Seele meines Großvaters Frieden gefunden hat und wir Lebenden Ruhe.

Zurück in Deutschland beginne ich in unserer Familiengeschichte zu forschen. Hat es Heiler oder Ärzte in der Familie gegeben? Im 19. Jahrhundert finde ich im Stammbaum drei Ärzte – im 20. Jahrhundert keinen einzigen. Meine Mutter wollte Ärztin werden, aber nach dem zweiten Weltkrieg wurden Studienplätze vorrangig an die heimkehrenden Soldaten vergeben, und sie ging leer aus.

Ich vermute, dass in dieser Familie irgendwann etwas grundlegend schiefgelaufen ist, dass Macht und Reichtum gegen heilerische Fähigkeiten eingetauscht wurden. Hat diese verdrehte Situation meinen Großvater verrückt gemacht? Er wurde zum Aussteiger und flüchtete zu Beginn der 20er-Jahre des letzten Jahrhunderts aus der Berliner Geschäftswelt aufs Land. Doch auch auf seinem Gut in Mecklenburg fand er keine Heilung, sondern verstrickte sich mehr und mehr in Schuld.

Die Frage von Maria – »Gibt es einen Heiler in deiner Familie?« – öffnete eine Tür für mich, eine Pforte zu meinen Vorfahren, die mir bislang verschlossen war.

Die Quelle in den Bergen von Kosch-Agatsch

Ein Tabu war für die Schamanin während unseres Aufenthalts der Besuch bei einer Quelle in den Bergen, zu der sie uns gerne begleitet hätte. Ihre Schwester war vor einiger Zeit gestorben, und Maria durfte für ein halbes Jahr nach ihrem Tod diese Quelle nicht aufsuchen, da die Quelle als heiliger Platz gilt, der vor jeglicher Negativität zu schützen ist. In vielen alten Kulturen wurde Quellen besondere Aufmerksamkeit zuteil. Diese Plätze, an denen das reine, frische Wasser den schützenden Erdkörper verlässt, sind Orte des Anfangs, der Geburt, die sehr sensibel sind – so wie neugeborene Kinder, die aufgrund ihrer Empfindlichkeit und Verwundbarkeit besonderer Pflege bedürfen.

Auf dem nordamerikanischen Kontinent sahen es die Cherokee als ihre Aufgabe an – und einige tun es heute noch – an Quellen zu singen und sie mit positiver Energie zu füttern, die sich über das Wasser durch das ganze Land verbreiten kann. Auch unseren keltischen Vorfahren waren Quellen heilig. Zahlreiche Quellheiligtümer sind aus Europa überliefert, häufig wurden an alten Kultplätzen christliche Kirchen errichtet, die Maria geweiht wurden.

Als wir die Quelle aufsuchen, die abseits von jeder Straße zwischen kahlen Bergrücken liegt, beginne ich zu erspüren, warum einige Orte als besonders heilig angesehen werden. Blassblau dehnt sich der Himmel über einer unglaublich stillen Landschaft. Auch wir Reisende werden ruhig. Langsam wandert jede für sich den schmalen Bachlauf entlang bergauf. Die wenigen, zwergwüchsigen Bäume, die weiter unten das Gewässer säumten, liegen längst hinter uns. Zwischen Steinen blühen winzige blaue Enzianpflanzen und Vergissmeinnicht. Eine Pferdeherde am Bach, wo das Gras etwas dichter wächst, wittert uns schon von Weitem und lässt zu, dass wir uns auf etwa fünfzig Meter nähern. Dann entfernen sich die mittelgroßen, braunen Stuten mit ihren Fohlen gemessenen Schrittes.

Der Weg zur Quelle

Ein Steinhaufen und ein Stab mit weißen Bändern kündigen die Quelle an. Das Wasser schmeckt köstlich, sprudelt und plätschert, ein Geschenk aus den Tiefen der Erde. Von Maria wissen wir, dass dieses Wasser vor allem auf Kopf und Knochen heilsam wirkt. Menschen und Tiere zieht es an den Ort. Während wir an einem kleinen Feuer picknicken, tauchen plötzlich Kälber auf, die sich an dem kühlen Nass laben, und ein Hund lauert auf ein paar Brocken, die für ihn abfallen.

Eine Ziegen- und Schafherde bewegt sich auf dem gegenüberliegenden, steilen Hang. Wie Ameisen sehen sie von Weitem aus, bevor sie deutlicher zu erkennen sind, weiß die Schafe, schwarz die Ziegen. Mir fällt der gehörnte, schwarze Ziegenkopf ein, der in unserer Unterkunft im Dorf aus einem unerfindlichen Grund im Kühlschrank liegt. Am weitesten wagen sich die jüngsten Zicklein auf die Abhänge vor, vorsichtiger sind die Schafe, die in Reih und Glied laufen.

Galina zeigt auf den flachen Berg, der sich über der Quelle

erhebt, und erzählt, dass dort Zeremonien für die Erde abgehalten werden. Zwischen den Bergriesen rechts und links, die aussehen wie versteinerte Urtiere mit ihren sanften Rundungen, wirkt der Berg winzig. Später erklimme ich das Plateau und liege auf einem großen, grauen Stein in der Sonne. Tief atme ich den Duft des rosafarbenen, wilden Thymians ein. Bauch an Bauch mit der Erde auf dem warmen Stein liegend, spüre ich, wie mein Bauchnabel zu pochen beginnt und immer stärker pocht. Eine Nabelschnur zur Erde, geht es mir durch den Kopf, hier ist sie!

Irgendwann reißen mich Schüsse aus dem tranceähnlichen Zustand. Backenhörnchen, kleine Tiere, wurden gejagt, erfahren wir auf dem Rückweg von zwei Jungen, Kindern von Schafhirten, die weiter hinten im Tal wohnen, das wir für wüst und unbewohnbar hielten. Im Schneckentempo gehen wir zurück, mögen uns nicht von der Magie des Ortes losreißen, die durch die Schüsse nur kurzfristig unterbrochen wurde. Doch die Sonne sinkt und Schatten fallen ins Tal. Ich trage einen Kanister mit Quellwasser auf dem Kopf. Aufrecht wird mein Gang, die Brust weitet sich – es kommt mir vor, als wäre ich schon Jahrtausende so durch die Steppe gezogen. Wieder im Bus merke ich, dass ich einen Teil meiner Seele in dem Tal zurückgelassen habe, und es dauert eine Weile, bis sie nachkommt.

Die Weiße Tara

Es dämmert bereits, als wir das Haus suchen, in dem die Hüterin der Weißen Tara lebt. Die niedrigen Gebäude an der staubigen Dorfstraße ähneln sich: Holzhäuser mit hellblauen Fensterrahmen und weißen Ornamenten hinter dichten Bretterzäunen. Schließlich finden wir die Frau, die die kleine Skulptur der Weißen Tara aufbewahrt. Sie lädt uns zunächst in die Küche ein, wo sich der Tisch unter selbst gemachten Marmeladen, Keksen, Bonbons, Weißbrot und Gurken biegt. Himbeeren, Stachelbeeren, Erdbeeren, Pflaumen und mir unbekannte Früchte hat sie zu köstlichen Konfitüren verarbeitet, was durch ihre Beziehungen zu Freundinnen und Verwandten in anderen Landesteilen möglich wurde, die den Reichtum ihrer Gärten mit unserer Gastgeberin geteilt haben.

Überraschend für mich sind immer wieder die Momente von Fülle und Schönheit inmitten von Städten und Dörfern, die an europäischen Maßstäben gemessen ärmlich wirken. Üppig gedeckte Tische in Küchen, die ihre besten Tage längst hinter sich haben. Schick gekleidete Frauen und Mädchen auf staubigen Straßen. Eine über 500 Jahre alte Statue in einem schlichten, einfachen Holzhaus in einem unscheinbaren Dorf.

Nachdem Galina und unsere Gastgeberin Neuigkeiten ausgetauscht haben, erfahren wir die Geschichte der Singenden Weißen Tara:

»Vor über 100 Jahren ging ein Mann aus dieser Gegend nach Tibet, um Lama zu werden. Nach 13 Jahren kehrte er zurück und lebte abseits vom Dorf und seiner Familie in einer weißen Jurte. Als er Ende der 20er-Jahre starb, blinkte und blitzte es sieben Tage lang aus seiner Behausung. Die Leute aus dem Dorf hatten Angst, sie ahnten, dass die unerklärlichen Blitze von einer kleinen Skulptur ausgingen. Schließlich versteckten ein paar Mutige die Tarafigur auf einem Tablett zusammen mit einer Glocke irgendwo weit weg in den Bergen. Erst 1981 fand ein Junge die Tara wieder und brachte sie mit ins Dorf. Schon von Weitem hörten Frauen einen merkwürdigen Singsang. Die Mutter des Jungen fürchtete sich, die Statue im Haus zu haben, und trug ihrem Sohn auf, sie fortzubringen. So gelangte sie auf Umwegen zu mir. Sie singt immer noch, aber nur, wenn niemand im Haus ist und sie sich allein fühlt und Gesellschaft sucht.«

Verschiedene Lamas waren vor uns hier, um die Skulptur zu sehen, unter anderem ein Vertreter des Dalai Lama aus St. Petersburg. Er saß eine ganze Nacht lang vor der Weißen Tara, sang und rezitierte Mantren, tief beeindruckt von ihrer Würde und Kraft. Unsere Gastgeberin verrät uns, dass der Lama sie Mantren und Gebete lehrte, um in immer tiefere Kommunikation mit der Göttin zu gelangen. Durch diese Meditationen wurde sie im Laufe der Zeit hellsichtig.

Endlich dürfen auch wir die Weiße Tara betrachten. Natalia führt uns ins Wohnzimmer, wo mein Blick zunächst auf den Teppichen und Decken mit dunkelroten und grünen Ornamenten haften bleibt. Die Hüterin der Tara stellt die Statue auf einen Hocker, und ich bin erstaunt, wie klein sie ist. Ich kniee mich auf den Teppich, um der unbekannten Schönheit, die aus einer anderen Kultur und einer anderen Zeit in mein Leben getreten ist, Auge in Auge gegenüber zu sein. In leicht gedrehter, tänzerischer Haltung sitzt sie da, Schlangen umwinden ihre Arme, lebendig und verspielt wirkt sie auf mich – und fremd.

Sind es die 500 Jahre Altersunterschied, ist es die spielerische Energie, die mir als Norddeutscher fremd ist oder was ist es sonst? Ich weiß es nicht, spüre nur deutlich den Unterschied der Kulturen und meine innere Grenze, mich in die Lebenshaltung, die die Skulptur zum Ausdruck bringt, einzuschwingen. Einzig ihr Gesicht, das freudige Versunkenheit ausdrückt, bringt etwas zum Klingen in mir, da stoße ich auf Resonanz, Vertrautes. Was bleibt, ist die Akzeptanz der Anderen und der Andersartigkeit sowie meiner eigenen Begrenztheit. Abends im Bett fällt mir auf, dass der Druck auf dem Herzen, den ich in den letzten Tagen verspürt hatte, verschwunden ist.

Steinerne Heiler

Ein kurzes Gefühl von Fremdheit überfällt mich erneut, als wir am nächsten Tag einen Steinkreis bei Kosch-Agatsch besuchen. Stundenlang fahren wir eine endlose Holperstrecke durch die steinige, eintönige Steppe, aus der nur ein paar trockene Grasbüschel hervorragen. Vor uns in der Ferne liegen die Berge, die das Ukok-Plateau umschließen. Am Steinkreis angelangt fällt mir jedoch auf, dass die Steppe nicht nur graubraun ist, sondern dass überall kleine Blüten aus der harten Erde sprießen, hellila, rosa und gelb, dazwischen liegen Flaschen und Pferdeäpfel.

Wie gewaltig sich der Steinkreis, den Galina als das Stonehenge des Altai bezeichnet, aus der endlosen Steppe erhebt! Sicher über 15 Meter Durchmesser misst der Zirkel, mannshohe und noch größere Steinriesen wechseln sich ab mit kleineren Felsbrocken, jeder ist individuell mit einer eigenen, eigenwilligen Form und Qualität. Ich umrunde den Kreis ein paar Mal und halte mich eine Weile bei Steinen auf, die mich besonders anziehen.

Ohne uns abzusprechen, sammeln wir uns, Jessica, Marie, Anna, Rieke, Galina und ich, irgendwann im Osten, am Frauenstein. Dieser riesige Felsblock hat die Form eines gigantischen Throns und soll ein Empfängnisplatz für Kinderseelen sein, ein Heilort für Frauenkrankheiten, ein Gebärstuhl, ein wahrer Mutter-Stein. Der Sitz ist bereits übersät mit Gaben, und auch wir opfern den Spirits des Steins Süßigkeiten und Geldstücke, um ihnen Respekt zu erweisen. Ich fühle mich wie eine Babuschka, eine Großmutter, als ich mich an den Stein lehne. Maries Wunsch nach Kindern, einer Familie, und auch meine Bitte, Großmutter zu werden, wird sich einige Zeit später erfüllen. Während wir uns wieder zerstreuen, nähert sich ein Wagen, hält an, und ein paar Frauen steigen aus. Sie unterhalten sich angeregt in Altaisch oder Russisch und steuern sofort auf den Frauenstein zu, wo sie kurz verweilen und etwas niederlegen, bevor sie zurück zum Auto gehen und weiter Richtung Ukok-Plateau fahren.

Der Frauenstein im Steinkreis bei Kosch-Agatsch

Über die frühere Bedeutung des Ortes wird noch geforscht. Es gibt die Ansicht, dass der Steinkreis ein Sonnenobservatorium war und ein Versammlungsplatz für Zeremonien. Auch soll er einmal die Funktion eines energetischen Checkpoints gehabt haben, an dem Menschen, die sich dem Ukok-Plateau näherten, geprüft wurden, ob ihre energetische Verfassung klar und rein genug war, um diesen besonders sensiblen Teil des Erdkörpers betreten zu können.

Galina berichtet uns von Danil Mamyevs Vision, den Steinkreis und andere heilige Plätze wieder zu beleben. Seine Vorstellung ist, dass sich Menschen der Orte annehmen, sie regelmäßig besuchen, säubern, in Kontakt mit den Spirits dort gehen, beten. Vielleicht werden irgendwann, wenn klar ist, was zu dem Platz und seinen Wesenheiten passt, auch größere Zeremonien abgehalten werden können. Mit solchen Ritualen ist der Leiter des Nationalparks äußerst vorsichtig. Er geht davon aus, dass die Energie jedes Menschen aufgrund seiner Einzigartigkeit zu einem bestimmten, individuellen Ort in Beziehung steht. Daher gestalteten die Altaier ihre religiösen Zeremonien jahrhundertelang individuell an dem Platz, der mit ihrem persönlichen Energiespektrum übereinstimmte.

Mamyev gibt zu bedenken, dass zu Gruppenritualen jede Person mit eigenen Sichtweisen und Problemen kommt, so dass Ströme von sich wechselseitig aufsaugenden Energien entstehen können. »Vom Gesichtspunkt der Philosophie des Altai«, schreibt er in einem Handbuch für Ranger, die Exkursionen entlang der heiligen Pfade des Altai führen, »besuchen die Leute nicht deshalb ein Ritual, um Heilung zu erlangen oder Probleme zu lösen, sondern um den Altai zu segnen und den Überschuss an positiven, harmonisierenden Energien zurückzugeben.«

Ein paar Tage später, zurück an den grünen Ufern der Katun, besuchen wir ein steinernes »Krankenhaus«, zu dem uns Maria, die Schamanin, geschickt hat. Babas werden die unbearbeiteten Steine genannt, die als Heilsteine gelten. Der Bus rumpelt über einen Feldweg am weiß-türkis schimmernden Fluss Katun entlang, um zu den Babas auf einer entlegenen Hochebene weit hinter Tyungur zu gelangen. Mehrmals setzt der Kleinbus auf, und auf Djimas Stirn bilden sich Sorgenfalten. Wir ruckeln an einem Denkmal vorbei, das an die Kämpfe zwischen den Bolschewiki und Weißgardisten 1918 erinnert. Dauert die Fahrt eine Stunde oder länger, sind es 10, 15 oder 25 Kilometer? Niemand hat auf die Uhr oder auf den Tacho geschaut, alle Blicke sind auf die Katun gerichtet, deren faszinierendes Farbspiel unirdisch durch die Birken und Lärchen schillert.

Als wir durchgerüttelt und geschüttelt die Babas erreichen, bin ich zunächst enttäuscht. Das sollen die berühmten Babas sein, ein steinernes Krankenhaus, diese Felsbrocken, die dort zwischen Walderdbeeren und Thymian, wilden Nelken und zartgelbem Löwenzahn herumstehen und liegen, als hätte Rübezahl sie gerade fallen lassen? Aus drei Autos schallt laut Disco-Musik, eine Gruppe von modisch gekleideten Frauen und Männern steht herum, lachend und Bier trinkend lehnen die jungen Leute an einer Stele.

Galina bittet unsere Reisegruppe, einen Kreis am Eingang des Platzes zu bilden, den ein mächtiger Stein bewacht. Wir sind einen Augenblick ruhig, konzentrieren uns darauf, warum wir hier sind, und bitten die Spirits um Einlass. Da kommt Wind auf, und Galina sagt: »Die Spirits heißen uns willkommen!« Als Willkommensgabe legen wir kleine Kiesel auf den gewaltigen Wächterstein, bevor wir uns den anderen Felsen nähern. Galina spricht mit den jungen Leuten über die Bedeutung des Ortes. Ob sie etwas verstehen, sich gestört fühlen oder sowieso aufbrechen wollen, wissen wir nicht, jedenfalls fahren sie bald weg und wir sind allein bei den Babas.

Mich zieht es zu einem liegenden Stein im Süden, von dem Maria erzählt hat, er lindere Nieren- und Magenleiden. Ich komme in ein »Gespräch« mit dem Stein wie mit einem menschlichen Heiler, habe das Gefühl, dass er mir vorschlägt, wie ich mich auf ihm drehen und wenden kann. Zum Dank summe ich eine kleine Melodie für ihn. Wärme steigt in meinem Körper auf und ich habe den Eindruck, dass sich energetisch etwas aus meiner Körpermitte in ein Loch im Stein entleert.

Zum Schluss statte ich dem größten stehenden Stein einen Besuch ab, und auch diese Stele sagt mir genau, wie ich mich zu stellen habe, damit alle Körperteile erreicht werden, vor allem der Rücken und die rechte Seite. »Du brauchst mehr Behandlungen«, vermittelt mir der steinerne Heiler, »du solltest wiederkommen.« Ich frage, ob es nicht einen Stein mit derselben Wirkung bei mir zu Hause gibt, und vor meinem inneren Auge erscheint ein großer, aufrecht stehender Stein an einem kleinen Teich in den Bückebergen, den mir vor einiger Zeit eine Freundin gezeigt hat.

Wolken sind aufgezogen, es sieht nach Gewitter aus. Djima schaut sorgenvoll zum Himmel, und wir versichern ihm, dass wir bei Regen auf ein Picknick am Fluss verzichten. Auf dem Rückweg sind wir wie aufgedreht, lachen und kichern unentwegt, bis uns plötzlich, eine nach der anderen, große Müdigkeit überfällt. »Das sind die Steine, zu viel Energie«, ist Galinas lakonischer Kommentar.

Das Paradies an der Pforte zum Paradies

Wir sind auf dem Weg nach Belovodje, auch Shambala genannt, dem mystischen Ort vieler Suchender, der auf keiner Karte verzeichnet ist. ›Land des weißen Wassers‹ bedeutet Belovodje, und da es im Altai so viele weiße Flüsse gibt, wird angenommen, dass sich dieses geheimnisvolle Land, von dem aus Heilige die Welt regiert haben sollen, hier befindet.

Niemand hat vor, sich aus der alltäglichen Wirklichkeit ganz zu verabschieden und dort zu verschwinden, wie es in der Legende von Menschen heißt, die den Eingang nach Belovodje gefunden haben. Nein, wir wollen nur den Hauch eines Duftes von jenem verheißungsvollen, paradiesischen Ort schnuppern, einen Zipfel lüften und ein bisschen erspähen von dem erhofften Glück, ein wenig von den himmlischen Sphärenklängen hören, von der Schwingung spüren. Nichts essen, nichts schmecken, nein, denn es heißt, wer nur eine Beere dort isst, bleibt für immer in jenen Gefilden.

Wir sind von der Hauptstraße abgebogen, und unser Fahrer Djima weicht geschickt den Schlaglöchern auf dem Feldweg aus. Weiden mit Kühen und Pferden wechseln sich mit Birken und Kiefernwäldchen ab. Irgendwann taucht hinter einem Waldstück ein Dorf auf, geprägt durch den zwiebelförmigen Kirchturm eines Gotteshauses in Blau- und Goldtönen. Wir befinden uns in Zamulta, einem Dorf von Altgläubigen.

Mitte des 17. Jahrhunderts spaltete sich die russische Kirche nach einer Kirchenreform des Moskauer Patriarchen. Konservative Kreise hielten an den althergebrachten Bräuchen fest und wurden bis Anfang des 20. Jahrhunderts als Häretiker grausam verfolgt. Sie flohen nach Sibirien oder wurden dorthin verbannt und bauten blühende Dörfer auf, aber auch dort entgingen sie Terror und Vertreibung nicht.

Am Rande des Dorfes, wo lichter Kiefern- und Birkenwald beginnt und unzählige Pilze zu finden sind, wartet Lyudmila Neverova auf uns. Bei dieser feinen, mütterlichen Frau sind wir zu einer Stärkung eingeladen, bevor wir uns dem Ort der Sehnsüchte, Belovodje, nähern. Lyudmila begrüßt uns herzlich, überschwänglich vor ihrem Haus, gekleidet in ein langes helles Kleid mit zarten hellbraunen Ornamenten, über das eine Küchenschürze gebunden ist. Wie ältere Frauen bei uns auf dem Lande trägt sie ein Kopftuch. Freundlich sieht auch das Holzhaus mit den altaitypischen, hellblau gestrichenen Fenstern aus und der liebevoll gepflegte, große Garten.

Vor dem Haus lädt eine Wiese dazu ein, sich niederzulassen. Mein Blick gleitet über die Sonnenblumen, orangefarbene Ringelblumen und die weiß-rosa bis zartvioletten Buschanemonen, die geräumige Banja – die russische Sauna – und den Hauseingang, der mit seltsam gekrümmten Wurzeln und Geweihen geschmückt ist. Wie mag es wohl im Haus aussehen? Meine Neugier wird bald gestillt, Lyudmila lädt uns ein, hereinzuschauen. Unmengen von Kräuterbündeln sind zum Trocknen in einem Vorraum aufgehängt, in dem auch Apparaturen für die Verarbeitung von Milch stehen. In einer Ecke der Küche sehe ich auf und über einem kleinen Altar Dutzende von goldschimmernden Ikonen, im Mittelpunkt Maria mit dem Kind, daneben liegen stapelweise Bücher auf der Küchenanrichte. In einer anderen Ecke befindet sich ein Fernseher. An den Wänden hängen von der Hausherrin selbst gemalte Bilder, Spiegel, Familienfotos, Wandteppiche. Die Kräuter und eine Massageliege vor dem Haus lassen ahnen, dass unsere Gastgeberin nicht nur kocht und gärtnert. Tatsächlich beginnt sie sofort, eine Teekräutermischung für die kranke Partnerin eines Mitreisenden zusammenzustellen.

Durch die Wiese vorm Haus zieht sich ein Bachlauf, der vor der Banja etwas verbreitert ist und einer kleinen Badewanne gleicht. Auch ein Waschbecken ist aufgestellt, ein angenehmer Ort, um sich zu reinigen und zu erfrischen. Der Bach schlängelt sich weiter durch den umfangreichen Gemüsegarten, vorbei am Kartoffelacker und den mächtigen Kürbissen, mindestens zwanzig Tomatenpflanzen, Zucchini, Schlangengurken und kleine Gürkchen zum Einlegen, Bohnen, riesige Melonen, Borretsch, Petersilie... Viel muss für den Winter eingemacht werden, denn Lyudmila lebt weitgehend von dem, was ihr Garten bietet. Zusätzlich liefern ihr zwei Kühe, Soriya und Manana, Milch für Schmand, Joghurt, Sahne, Butter und Käse.

Lyudmilas Banja

Unsere Gastgeberin breitet ein weißes Tischtuch mit blauem Blumenmuster auf dem Rasen aus und deckt für uns auf: Pilzsuppe und Borschtsch, Rühreí, Pellkartoffeln und Quark, Hüttenkäse, saure Gurken, Tomaten und selbst gebackenes Brot, Himbeeren und Schmand, schließlich Tee – das Essen übertrifft alle Erwartungen. Die Zutaten sind natürlich aus ihrem Garten, frisch zubereitet und unübertroffen im Geschmack. »Lyudmila, das ist das Paradies auf Erden bei dir«, bedanke ich mich. Sie freut sich über unsere Freude, und während wir Tee trinken, erzählt sie uns eine Geschichte.

»Ihr seid auf dem Weg zum Pyramidenberg, dem Eingang nach Belovodje, wie man sagt. Es gibt eine Geschichte von einem Altgläubigen aus dem Dorf, Filaret, der 40 Jahre auf dem Berg gelebt hat. Am Ende des 19. und Anfang des 20. Jahrhunderts wurden die Altgläubigen grausam verfolgt. Nachts wurden die Leute, vor allem

Ältere, mitgenommen, und im Wald wurden ihnen die Köpfe abgeschnitten. Dieser Mann versteckte sich auf dem Pyramidenberg, vorher beging er jedoch eine große Sünde – er verließ Frau und Kinder für eine andere Frau. Er wohnte verborgen oben auf dem Berg an einem stillen Platz mit Wasser, ernährte sich von Beeren und Brot, das ihm Frauen am Fuße des Berges hinstellten, und betete um Vergebung seiner Sünden und für die ganze Menschheit.

Nach der Revolution fanden ihn seine Kinder auf dem Berg und wollten ihn mitnehmen. Aber er blieb dort bis zu seinem Tode – 40 Jahre lang. Als er gestorben ist, kam früh am Morgen im Winter ein alter Mann zu seiner Familie, ganz in Weiß, und sagte: ›Euer Vater ist gestorben.‹ Es waren keine Fußspuren im Schnee zu sehen! Der alte Mann kam, überbrachte die Nachricht und verschwand wieder im Nichts.«

Durch die Erzählung von Lyudmila wächst unsere Spannung auf den Pyramidenberg, den sagenumwobenen Eingang nach Belovodje. So ungern wir uns von ihr verabschieden – es zieht uns aus dem diesseitigen Paradies ins jenseitige. Schon bald holpert der Bus weiter die Landstraße entlang in Richtung Pyramidenberg.

Da stehe ich nun am Eingang von Belovodje, am Tor zu einer anderen Dimension. Bislang sind es nur Erzählungen von anderen, die etwas Besonderes verheißen. Wie wird es mir ergehen? Werde ich überhaupt etwas erleben oder enttäuscht ins Diesseits zurückkehren, mich vielleicht gar nicht aus unserer alltäglichen Wirklichkeit entfernen?

Ein Haferfeld erstreckt sich zur Linken, eine Bergwiese mit kleinen Baumgruppen und einzeln stehenden Lärchen und Birken zur Rechten. Vor dem dunklen Fichtenwald, der sich bis zur Pyramidenspitze des kegelförmigen Berges hinzieht, blühen auf dem schmalen Streifen Wiese Hunderte von Blumen. Roter und weißer Klee, gelber Hornklee und blassgelbes Leinkraut, blauer Storchenschnabel und tiefblauer Rittersporn, Hanf und gemeiner Natternkopf. Tief atme ich den verwirrend vielfältigen Duft dieses Blumenmeers ein. Eine unglaubliche Stille liegt über dem Land, eine Ruhe, die durch das Zirpen der Grillen, das Summen von Fliegen, selbst durch das Brummen eines Traktors nicht unterbrochen wird.

Ich gehe ein Stück auf den Berg zu und habe dabei das Gefühl, das er sich immer weiter von mir entfernt. So setze ich mich im Eingangsbereich des Berges in die Nähe eines Haufens von Birkenzweigen, nachdem ich mich vorsichtig nach Schlangen umgeschaut habe. Der Berg lädt mich ein, mich hinzulegen, um mehr über seine Kräfte, die Kräfte von Belovodje, zu erfahren. Die Stille des Ortes lässt Bilder von anderen Plätzen in der Natur vor meinem inneren Auge auftauchen. »Überall, an vielen Orten, gibt es Eingänge nach Belovodje«, vermittelt mir wortlos der Berg.

Dann tauchen Erinnerungen an Emotionen auf, Auseinandersetzungen, Ängste, Ärger, das Gefühl missverstanden zu werden und mich verteidigen zu müssen. »Du hast jetzt die Entscheidung, aus diesen Emotionen auszusteigen«, meldet sich der Berg wieder. »Belovodje ist der Eingang zur Erleuchtung.«

Wieder drifte ich ab in Emotionen, und wieder reißt mich die Stimme des Berges heraus: »Es ist deine Entscheidung, auszusteigen aus diesem Wirrwarr. Hier und jetzt. Bekräftige deine Entscheidung mit einem lauten ›Ja!‹«.

Einen kurzen Moment zögere ich. Will ich wirklich ablassen von diesen lange verschütteten Emotionen, zu denen ich mir mühsam einen Zugang erarbeitet habe? Doch dies ist nur ein kurzes Innehalten, dann bricht sich ein klares »Ja!« Bahn aus meinem Innern. Es geht nicht darum, auf unmenschliche Art distanziert zu werden, sondern es geht um den Fluss, das ständige Fließen, Annehmen und Loslassen, von allem, was ist. »Ja, Ja, Ja!«

Und noch einmal schaltet sich der Berg ein. »Der Prozess ist eingeleitet«, so seine Aussage. »Die Transformation erfolgt langsam, in deinem Tempo.« Später, an einem anderen Platz liegend, meinen Kopf dem Berg zugewandt, durchflutet mich ein Energiestrahl, der vom Kopf bis zum Steiß meine Wirbelsäule entlang fließt. Reinigend, stärkend, Altes transformierend, Raum für Neues schaffend, aufbauend.

Über die Beseeltheit der Wildnis

Irgendwann auf der Reise, während mein Blick aus dem Busfenster über Bergwiesen mit zartviolett blühenden kleinen Astern gleitet, fährt es mir durch den Kopf: Der Altai ist gar nicht so wild, wie ich ihn mir vorgestellt habe. Ein wenig enttäuscht bin ich, mich dieser Wahrheit stellen zu müssen, hatte ich doch zu Hause, 6 000 bis 7 000 Kilometer entfernt, von »echter« Wildnis geträumt. Sicher, Bären und Wölfe leben versteckt in den dichten Wäldern, schäumende, tosende Bergflüsse und grandiose Felslandschaften begleiten unseren Weg – aber ich habe nicht das Gefühl von – Wildnis.

Was verbinde ich mit dem Begriff Wildnis? Ein menschenleeres Gebiet, fern jeglicher Zivilisation, wo der Mensch, wenn er sich denn hineinwagt, den Naturgewalten ausgesetzt ist – beängstigend und faszinierend zugleich. Das Wichtigste: Die Region ist nicht berührt, nicht gestaltet und geprägt von Menschenhand – sie ist das ganz Andere, Fremde, Heile und Heilende.

Doch die Hand des Menschen ist gegenwärtig im Altai. Haustiere – Kühe, Pferde und Schafe – weiden geruhsam auf den Bergwiesen, ab und zu auch ein paar Schweine. Sie grasen weitgehend ohne Zäune, nur ab und zu ist ein Hirte zu sehen. Gesittet überqueren die Tiere die Straße, lassen unseren Bus passieren, bevor sie langsamen Schrittes weitertrotten. Die Hunde auf der Straße interessieren sich nicht für mich, Hühner werden mit einer ruhigen Geste aus dem Ail verwiesen. Zurückhaltung und Höflichkeit scheint weitgehend den Umgang von Mensch und Tier zu charakterisieren.

Dort, wo es aussieht, als sei die Welt zu Ende, wo die Straße aufhört, und es nur auf unwegsamen Schotterpisten weitergeht, steht ein gepflegtes Hotel in Form eines Ail, wo für viel Geld die Jagd auf Bären, Maralhirsche und Wölfe angeboten wird. Abgesehen von diesen Einbrüchen von Zivilisation an einigen wenigen Orten, wird der Wildnis das »Wilde«, Ungezähmte, auch durch die Menschen genommen, die wir kennengelernt haben. Denn sie bilden kein Gegenüber zur Natur, sie weben sich ein und werden eingewoben in das große Netz des Lebens, das Menschen, Tiere und Pflanzen, Steine, Wolken, Sterne und die Spirits umfasst. Der Kontakt mit der Erde und ihren Wesen, die alle als von einem lebendigen Geist beseelt wahrgenommen werden, nimmt der Natur das völlig Fremde, Andere, nimmt ihr den Gegensatz zu uns Menschen. Was bleibt, ist der Respekt vor ihren gewaltigen Kräften.

Dass alles belebt, beseelt ist, eine Bedeutung hat, drückt sich auch in den Namen der Flüsse und in Ortsbezeichnungen aus. *Die* Katun, *der* Bija, Flüsse haben weibliche oder männliche Energie. Besondere Punkte des Erdkörpers werden einem Chakrensystem zugeordnet, so wie der menschliche Körper nach der chinesischen Medizin seine Chakren besitzt. Und es gibt landschaftliche Besonderheiten, die nach Organen und anderen Stellen des menschlichen Körpers benannt werden, so wie der *Nabel*berg im Karakol-Nationalpark. Entsprechend ihrer Qualität gehen die Menschen mit den Plätzen um. Die Mythen, Lieder und Geschichten, die sich um diese Orte ranken, schaffen eine tiefe, seelische Verbindung zwischen den Menschen, Bergen und Flüssen.

Im Hintergrund die Belucha, im Vordergrund die Katun

Auch Rituale bekräftigen diese Verbundenheit und drücken Ehrfurcht vor der Natur und den Wesenheiten der anderen Wirklichkeit aus. Die Bäume an wichtigen Übergangsorten, an Bergpässen, Quellen, dem Eingang zum Altai, sind über und über mit Stoffstreifen behängt als Symbol des Grußes, der Bitte um Wohlergehen, des Respekts.

Alles ist in Kommunikation miteinander, Menschen, Bäume, Tiere, Flüsse, Berge. Auch die Vorfahren gehören mit zu dem Netz, in das alle eingesponnen sind. Ich ahne, dass es diese Verbindung ist, die der Natur ihre Fremdheit nimmt. So erscheint sie nicht als das ganz Andere, sondern als Teil des großen Miteinanders, das Leben ausmacht. Und dazu gehört auch ihre von Menschen nicht zu bändigende und zu kontrollierende Seite, die es zu respektieren gilt.

Karagyz – die Nachtigall des Altai

Wir haben das Glück, vor unserer Abreise Elizaveta Yalbakova kennenzulernen, eine Sängerin, die die Melodie der Flüsse, Berge und Wasserfälle des Altai in ihren Liedern für menschliche Ohren wahrnehmbar, hörbar werden lässt. Wenn sie die Schönheit und Kraft des Altai und die Geistwesen der Berge und Flüsse besingt, klingt ihr Gesang wie ein sanft dahinplätschernder Bach mit Vogelgezwitscher oder wie ein angenehmer, warmer Wind, der den Geruch der Blumen im Tal mit sich trägt. Von einem Augenblick auf den anderen kann ihre Stimme in Kehlkopfgesang umschlagen und man hört nicht mehr die Stimme einer schlanken, kleinen Frau, sondern machtvolle Töne aus tiefsten Tiefen oder aus höchsten Himmelshöhen, wie ein Echo, das von den Gletschern des heiligen Berges Belucha zurückschallt.

Vier Oktaven umfasst die Stimme von Elizaveta Yalbakova, Liza genannt. Als »Goldene Stimme des Altai« oder »Nachtigall des Altai« wird sie bezeichnet, doch sie selber wählte den Künstlernamen »Karagyz«, was »ein dunkles, einfaches Mädchen« bedeutet. »Ich bin nur eine Tochter meines Landes – ein Land, das in der Welt nicht erfolgreich ist«, sagt die Frau mit den leuchtenden, braunen Augen und feinen, mongolischen Gesichtszügen. »Ich bin eine von ihnen und gehöre zu ihnen.«

Der Freundschaft von Galina mit Elizaveta Yalbakova haben wir es zu verdanken, dass sie uns eine kleine Sondervorstellung gewährt. Ihr erstes Lied ist ein Gebet, eine Danksagung, eine Liebeserklärung an den Altai. Bevor sie eine schamanische Performance aufführt, entschuldigt sie sich bei den Spirits für den ungewöhnlichen Ort und die Situation. Die volltönende, reinigende Stimme der Sängerin hallt noch lange nach der Darbietung in meinem ganzen Körper nach.

Liza wurde in dem kleinen Dorf Jelo in der Nähe von Ongudai geboren, wo die einfachen Holzhäuser noch heute aussehen wie vor Jahrhunderten. Lizas Eltern waren Schafhirten und die erste Musik, die sie hörte, waren die Melodien und Rhythmen der Taiga, die Schreie der Habichte und Bussarde, das Murmeln und Rauschen des Baches. Von klein an musste sie ihrer Mutter helfen, wie alle Kinder im Dorf. Soweit sich Liza zurückerinnern kann, hat sie immer gesungen. Sie sang beim Beerenpflücken und Pilze sammeln mit ihren Freundinnen im Wald und sie sang, wenn sie ihren Eltern bei der Heuernte oder im Gemüsegarten half. Manchmal lief sie weit weg vom Dorf in die Nähe der Berge und sang dort. Als Liza zur Schule kam, brillierte sie mit ihrem Gesang bei den Schulkonzerten, so dass man das begabte Kind an das Staatliche Moskauer Kultur-Institut zum Studium schickte.

Nach ihrem Abschluss wurde Liza Solistin im Nationalen Konzertteam des Altai. Ihr Name wurde über den Altai hinaus berühmt, sie macht Tourneen in ganz Russland und im Ausland. Ihr sprachliches Repertoire umfasst nicht nur Altaiisch und Russisch, sondern auch Lieder auf Englisch, Chinesisch, Japanisch und Hindi. Eine ihrer erfolgreichsten Weisen ist der Song »Uch Sumer«, der dem heiligen Berg Belucha gewidmet ist. In dieses Lied, eine feierliche Hymne an die Natur, legte Elizaveta Yalbakova ihr ganzes Können. Die wunderschöne Melodie trägt die Seele in solche Höhen, dass man für einen unsterblichen Augenblick den physischen Körper und alle Probleme vergisst. Man fühlt sich hoch in den Lüften schwebend – ein absoluter Gipfelmoment menschlicher Existenz. Es passiert, dass in den ersten Sekunden nach dem Lied tiefes Schweigen in der Konzerthalle herrscht, bevor tosender Applaus losbricht.

Doch Liza ist nicht nur eine äußerst talentierte Sängerin, sondern erhebt ihre Stimme auch, wenn es darum geht, den Altai zu schützen. Vor ein paar Jahren war Liza unter denjenigen, die gegen den Bau eines Wasserkraftwerks an der Katun protestierten, ein heiliger Fluss für die Altaibevölkerung. Im Epos des Altai heißt es, dass keine großen Brücken oder Dämme die jungfräuliche Ruhe dieses Flusses stören sollten. Die Legende erzählt, dass schon vor Urzeiten zwei Riesen, Sartakpai und sein Sohn, beim Bau einer Brücke über die Katun gescheitert sind. Wissenschaftler wiesen nach, dass der Bau eines Wasserkraftwerks die ökologische Situation vom Altai bis hin zur Mündung des Ob erheblich schädigen würde. Die Pläne für den Bau des Wasserkraftwerks wurden schließlich ad acta gelegt, obwohl die Regierung in Moskau bereits große Summen für das Projekt in Aussicht gestellt hatte.

In Interviews unterstreicht Liza, dass die Natur lebendig ist, selbst kleinste Partikel. Sie betont, dass wir endlich wahrhaben müssen, dass neben der physischen Welt eine subtile Welt existiert, die wir Menschen normalerweise nicht sehen können. Nach den tradierten Weisheitslehren des Altai hat jeder Fluss, jeder Bach, jeder Berg und Bergpass eigene Geistwesen, die sie beschützen, und denen wir Menschen Respekt zollen sollten. In Lizas Gesang wird diese unsichtbare Welt lebendig. Vor einem großen Publikum wurde ihre Stimme zu einem Sprachrohr des heiligen Flusses Katun, stark und gewaltig – und gleichzeitig angewiesen auf die Liebe und sorgende Zuneigung der Menschen.

Elizaveta Yalbakova hat in ihrem Leben die verschiedensten Ehrentitel erhalten, doch die wertvollste Bescheinigung ist ihr ein Ehrendiplom, das ihr im Jahre 2000 von der Russischen Universität für Internationale Freundschaft in Moskau für die Ausstellung »Altai, eine Welt – Kultur – Region« verliehen wurde. Während der schwierigen Jahre der Perestroika, in denen Liza neben ihren Konzertreisen als Kultusministerin der Republik Altai arbeitete, hat sie in die Konzeption dieser Ausstellung all ihre Liebe und ihr Wissen gesteckt, um die Geschichte und Schönheit ihres Heimatlandes der Welt zugänglich zu machen. Denn das ist ihre Lebensaufgabe: die Schönheit und Besonderheit des Altai mit der Welt zu teilen – auf jede mögliche Art und Weise, und vor allem natürlich mit ihrem Gesang.

Valeriy Lipenkov und das Sonnenmuseum in Novosibirsk

Wir haben die Belucha und die gletscherkalten Gebirgsflüsse hinter uns gelassen und uns an der Katun vom Altai verabschiedet. Jetzt sind wir wieder in Akademgorodok bei Novosibirsk. Bevor wir Russland verlassen, müssen wir unbedingt noch einen Blick in das Sonnenmuseum werfen, hat uns Galina, unsere Reiseleiterin, ans Herz gelegt.

Schmale, wilde Pfade führt sie uns zwischen den Häusern entlang, gesäumt von Goldrute, hellblau strahlender Wegwarte und Beifuß. Das Sonnenmuseum ist in einem ehemaligen Kindergarten untergebracht, langfristiges Ziel ist ein eigenes Gebäude mit Kunststudios für Kinder und einem Saal für Ausstellungen. Vor dem mehrstöckigen Haus erinnern verrostete Klettergeräte zwischen Birken, Brennnesseln und Kiefern an die Kinder, die hier früher herumtollten.

Das Sonnenmuseum beherbergt fast 2 000 Ausstellungsstücke, Abbildungen von Sonnen, Sonnengöttern und Göttinnen aus Russland, Indien, Nepal, Amerika und anderen Ländern sowie über 150 Texte – wissenschaftliche und historische Literatur, Gedichte, Mythen, Hymnen und Märchen über die Sonne. Seit über zwei Jahrzehnten ist das Haus Treffpunkt für Menschen, die die wechselnden Ausstellungen besuchen und zusammenkommen, um Konzerte zu hören und die Jahreskreisfeste, die mit dem Sonnenzyklus verbunden sind – Frühlings-, Sommer-, Herbst- und Winteranfang – zu feiern. Zum Frühlingsfest gibt es Pfannkuchen, die als Sonnensymbole gelten!

Der Gründer und Leiter des Sonnenmuseums, Valeriy Lipenkov, ist 1941 im Steppenaltai geboren. Sein Interesse für die Sonne begann während seiner Berufszeit als Laborassistent am Institut für Nuklearphysik in Novosibirsk, wo er von 1964 bis 1994 arbeitete und Prozesse, die auf der Sonne ablaufen, modellieren musste. Er ist ein geübter Holzschnitzer, und als ihm eines

Tages ein Freund ein Stück Holz brachte, das einer Sonne ähnelte, schnitzte er zum ersten Mal eine Sonne.

Unzählige weitere Sonnen folgten, aus Zedernholz, Kiefer, Birke, Eiche. In Holz kopierte Lipenkov Sonnenabbildungen aus aller Welt und machte dabei die Beobachtung, dass sich durch den kreativen, handwerklichen Vorgang des Schnitzens von Sonnen Spiritualität entwickeln kann. 1978 hat Lipenkov eine erste private Ausstellung mit Sonnenexponaten durchgeführt. Seine Erfahrungen gibt er zusammen mit anderen ehrenamtlichen Helfern an Kinder und Jugendliche weiter, die in Workshops Sonnenbilder zeichnen oder schnitzen und Materialien rund um die Sonne sammeln.

Unter den zahlreichen Abbildungen fällt mir sofort der Hirsch mit der Sonne auf dem Geweih auf, eine Felsritzung aus dem Altai. Begleitet vom Klang der Bilas, Metallplatten aus speziellem Material, die wie Kirchenglocken klingen, lasse ich Sonnen aus aller Welt auf mich wirken. In Holz, auf Fels, als Stickerei – das Sonnenzeichen wurde und wird auf vielerlei Art und Weise benutzt, wobei heute der spirituelle Bezug auf die Sonne als Lebensspenderin weitgehend in Vergessenheit geraten ist.

Leitspruch des Museums ist: »Lasst uns unsere Stadt zur sonnigsten Stadt der Welt machen!« Akademgorodok bei Novosibirsk in Sibirien – die sonnigste Stadt der Welt? Als wir spät am Abend im Licht der untergehenden Sonne im warmen Ob-Stausee baden – das Wasser hellblau schimmernd, der Himmel rosafarben – kommt mir die Idee nicht mehr ganz so abwegig vor.

In tiefer Dankbarkeit nehme ich Abschied von dem Land und seinen Menschen, als unser Flugzeug vom sibirischen Boden abhebt.

Am Zusammenfluss von Katun und Bija zum Ob

Besuch der Altaischamanen in Deutschland

Gibt es Legenden von eurem Land?

Während eines meiner Besuche im Altai vernahm ich den Wunsch von Maria Amanchina, der Altaischamanin, ein westliches Land kennenzulernen. Immer mehr Menschen aus Deutschland und anderen westlichen Ländern suchten sie auf und baten um Heilung, Menschen mit anderen Problemen, als sie es aus ihrem Umfeld gewohnt war. Sie begann, sich zu fragen, wie das Leben bei uns aussieht, die Natur, die Kultur, das Alltagsleben. Meine Freundin Anna und ich entschlossen uns, sie, ihren Schamanenkollegen Arshan Kezerekov und Galina Ermolina mit Unterstützung unserer Reisegruppe einzuladen. Ein Abenteuer für alle Beteiligten!

Unsere Reise mit den Schamanen und Galina durch Deutschland führte ins Hessische, ins Gebiet des Hohen Meissners zwischen Kassel und Göttingen, eine bergige Landschaft, in der Märchen und Mythen zu Hause sind. »Gibt es Legenden von euerm Land?«, hatte uns Galina, die Freundin und Dolmetscherin immer wieder gefragt. Anna hatte ihr von dem Märchen von Frau Holle erzählt, einer Reise in die Unterwelt. Und an einem sonnigen Tag im Mai besuchten wir den Holleteich, der auf 650 Meter Höhe in einer Senke am Osthang des Hohen Meissners liegt. Rohrkolben breiteten sich am flachen Ufer des Sees aus, und zwischen dem dunklen Grün der Fichten leuchtete das helle Laub der Buchen. Der Holleteich ist neun Meter tief und wird von einer unterirdischen Quelle gespeist, deren Wassertemperatur kontinuierlich neun Grad beträgt. Auch der Hollenbach fließt durch den kleinen See und verhindert, dass er verlandet.

Maria Amanchina entdeckte sofort die überlebensgroße Holzfigur von Frau Holle, dargestellt als junge Frau, zwischen den hohen Gräsern am Ufer. Die Legende sagt, dass der Teich ein Eingang zum unterirdischen Reich von Frau Holle ist, so wie der Brunnen im Holle-Märchen der Brüder Grimm, durch den Goldmarie und Pechmarie unverhofft den Weg zu Frau Holle finden. Der Storch soll die Kinder aus dem Holleteich holen, und die Seelen der Verstorbenen sollen dorthin zurückkehren. Frauen, die sich ein Kind wünschten, badeten in alten Zeiten in dem Gewässer.

Anna und ich saßen eine Weile mit den Schamanen und Galina an dem Weiher und genossen entspannt die lichte Atmosphäre des Frühlingstags. Ein Filmteam drehte gerade eine Dokumentation für einen regionalen Sender, und in dem Film wurden auch die fremdartig wirkenden Schamanen in ihren zeremoniellen Gewändern verewigt. Die beiden sprachen nicht viel, doch sie fühlten sich sichtlich wohl, anders als an anderen Orten, die wir aufsuchten. Zu diesen gehörte die Kammerbacher Höhle.

Auch diese trug früher den Namen von Frau Holle, war als Holenstein oder Hollenstein bekannt. Die Karsthöhle liegt versteckt im Wald zwischen Hilgershausen und Kammerbach. Noch aus fünfzehn Metern Entfernung ist sie nicht zu entdecken, da sich der Höhleneingang in einer Vertiefung unter der Erdoberfläche befindet. Die Höhle – etwa fünfzig Meter lang, zwanzig Meter breit und zwölf Meter hoch – ist einer der seltenen Orte, an denen Zentauren, Riesen und Zwerge leben, erzählten uns Maria und Arshan später. Während Anna und ich uns in das Dämmerlicht unter der Erde begaben, blieben die zwei an einem Weiher draußen sitzen und vollzogen ein kleines Ritual.

»Ich habe keine Angst, die Höhle zu betreten«, sagte Maria Amanchina. »Aber ich möchte nicht, dass meine Spirits die Geistwesen in der Höhle durcheinanderbringen. Das könnte Auswirkungen auf Besucher haben, es könnte sein, dass jemand unverhofft stolpert oder stürzt.« Sie erklärte diese Vorsichtsmaßnahme damit, dass ihre Spirits den Bewohnern der Anderswelt hier fremd sind, und es dadurch zu Irritationen kommen kann.

Vor der Höhle opferten die Schamanen Milch und Wodka. Damit schlossen sie an eine Tradition an, die erst vor knapp hundert Jahren ein Ende gefunden hatte. Damals brachten die Menschen aus der Umgebung allerdings kein Trankopfer, sondern Blumenopfer dar. Am dritten Ostertag wanderten junge Leute aus den umliegenden Ortschaften zu dem einsam gelegenen Platz, legten Blumen in der Höhle nieder und tranken Wasser aus dem kleinen See im Erdinneren. Das Wasser wurde auch in Krüge gefüllt und mit nach Hause genommen, denn die Menschen hielten viel von seiner heilkräftigen Wirkung.

Arshan Kezerekov stimmte im Wald vor der Kammerbacher Höhle seinen unvergleichlichen Kehlkopfgesang an, begleitet von der Topshur. Ein Heilgesang zur Beruhigung und Harmonisierung des Platzes und aller versammelten Wesen.

Der Schamane singt nur, wenn seine Spirits ihn dazu auffordern oder ihm die Erlaubnis geben. Bei seinem Besuch in Deutschland war es ihm durch den langen Flug und die Reiseumstände in den ersten Tagen nicht möglich, seinen schamanischen Gesang zu praktizieren. »Das war schwer für mich«, sagte er. »Die Spirits drängen mich zur Arbeit.«

Der Gesang des Schamanen vermag vielerlei zu bewirken. Auf einer Veranstaltung über den Altai in einem Kultur- und Kommunikationszentrum in Norddeutschland im Mai 2006 hielt er sich zunächst zurück. »Ich weiß noch nicht, ob ich singen kann«, erklärte er. »Ich muss erst hören, was die Spirits sagen.« Während des Vortrags saß Arshan im Hintergrund und stimmte sich auf den Ort, die Menschen, die Geistwesen ein. Irgendwann kam er nach vorne auf die Bühne und begann mit einer atemberaubenden Improvisation. Der Saal weitete sich und wurde zur Steppe, auf der Pferde wiehern, Bussarde schreien und die Seele anfängt, zu fliegen. Über hundert Menschen schienen die Luft anzuhalten bis schließlich unglaublicher Beifall einsetzte.

Später äußerte sich Arshan Kezerekov zu diesem Abend. »Der Gesang hat bewirkt, dass diejenigen, die sich zu sehr erheben, auf ihr normales Maß zurechtgerückt werden. Und die, die zu wenig Selbstbewusstsein haben, erhöht werden.«

So manches Mal verliefen unsere Ausflüge mit den Schamanen anders als geplant. Um sie mit Geschichte und Kultur unseres

Landes vertraut zu machen, schlugen wir die Besichtigung von einer Kirche und einem Schloss vor. Interessiert, wie sie waren, stimmten sie gerne zu. Jedoch stellte sich heraus, dass nicht alles, was wir als einen angenehmen Ausflug betrachteten, für Schamanen erholsam war.

In der Nähe von Witzenhausen ragt auf der Spitze eines steilen Berges das Schloss der Familie von Berlepsch empor, der Blick geht weit über das hügelige Land, das seit dem 14. Jahrhundert im Familienbesitz ist. Die schmackhaften Berlepsch-Äpfel stammen aus dieser Gegend. Zu fünft machten wir uns auf den Weg zum Schloss. Doch Kezerekov und Amanchina blieben am Eingang des Schlosshofes in der Sonne sitzen, und Anna und ich erkundeten das Schloss allein mit Galina Ermolina. Nachdem wir die mittelalterlichen Gemäuer wieder hinter uns gelassen hatten, erzählten die Schamanen etwas von dem, was sie – vor dem Gebäude auf einer Steinmauer sitzend – »gesehen« haben von der Geschichte des Ortes.

Was sie mit ihrer besonderen Fähigkeit, Zeit und Raum hinter sich zu lassen, wahrgenommen haben, waren Szenen von Macht, Unterdrückung und Leid. Burgen und Schlösser sind Stein gewordener Ausdruck des Herr-Knecht-Verhältnisses vergangener Jahrhunderte. Die Geschehnisse dieser Zeit sind im Gedächtnis des Ortes gespeichert, und Schamaninnen, die die Gabe haben, das für normale Menschen Unsichtbare zu sehen, nehmen diese energetischen Spuren der Vergangenheit wahr, ob sie wollen oder nicht. Das ist nicht immer einfach, und sicher ein wesentlicher Grund, warum sie zurückgezogen auf dem Land leben.

Heilungssitzung in der Jurte

Auf einem Natur belassenen Gelände hatten ein paar Helfer zwischen zwei Teichen eine Jurte aufgebaut. Der riesige Haselstrauch und eine Weide breiteten schützend ihre Zweige über das Rundzelt aus. Über den Teichen schwirrten türkisfarbene Libellen, und Stichlinge tummelten sich im Wasser. Morgens in aller Frühe sah man, wenn man Glück hatte, einen blaugrün schimmernden Eisvogel blitzschnell über das Wasser flitzen. Maria Amanchina und Arshan Kezerekov hatten sich bereit erklärte, während ihres Aufenthalts in Deutschland auf diesem abgeschiedenen, ruhigen Fleckchen Erde Heilungssitzungen zu geben, um die sie einige Menschen gebeten hatten.

Bevor die Schamanen jedoch begannen, in einer unbekannten Umgebung in einem fremden Land zu arbeiten, nahmen sie Kontakt zu den Geistwesen des Ortes, der Weide, des Haselbaums, des Wassers, auf und baten sie um Erlaubnis. Am Abend vorher suchten wir, Anna, Galina, Hannes, die Schamanen und ich, den Platz auf. Arshan hockte sich unter einen Baum und begann zu tönen und zu pfeifen, seine Art, um Verbindung zur Anderswelt herzustellen. Maria wählte einen Platz in der Nähe des Wassers und rauchte still ihre Pfeife, ihr Medium, um in einen anderen Bewusstseinszustand zu gelangen. »Das war nicht einfach, eine Beziehung zu den Wesen hier zu bekommen«, meinte Maria später. »Sie sind sehr zurückgezogen, aber schließlich haben sie uns akzeptiert.«

Alexa war eine der Frauen, die Maria und Arshan in der Jurte aufsuchten. Die Begegnung mit den Schamanen sollte entscheidende Auswirkungen auf ihr Leben haben. Sie hat beschrieben, was in der Jurte passiert ist:

»In der Zeltmitte brennt ein Feuer, davor sitzt Maria und weist mir den rechten Platz zu. Wie ist dein Name? Warum bist du hier?, fragt mich die Schamanin. Galina übersetzt. Ich antworte, dass ich neue Perspektiven suche. Ich werde im Oktober fünfzig Jahre alt und habe das Gefühl, dass etwas Neues kommen muss. Mich belasten auch Schmerzen im Rücken und in der Hüfte, ich bin Physiotherapeutin und kann mir dennoch nicht helfen. Es ist, als ob mich von hinten immer wieder etwas packt. Ich suche Heilung.

Arshan sieht einen Tunnel, der immer enger wird. Das bestätige ich. Ich soll das Negative nicht so dicht an mich herankommen lassen, sagt er. Da reagiere ich sehr emotional mit Tränen in den Augen und entgegne, ich hätte keine Kraft mehr dazu. Arshan schnappt mit der Hand in der Luft, als ob er eine Fliege fängt und schließt die Hand. Dann steht er auf und prüft, ob er das Etwas noch in der Hand hält, geht zu mir und legt die Hand auf mein Haupt, auf den höchsten Punkt. Er setzt sich zurück auf seine Bank und erklärt, dass mein Faden zum Höchsten abgerissen sei und er ihn wieder eingefangen und angeknüpft hat. Jetzt bin ich wieder in Verbindung mit dem Licht.

Als Nächstes bittet er mich, die Augen zu schließen, mich gerade aufzurichten, zu entspannen und mir vorzustellen, wie ich in einer schönen Landschaft auf einem Pferd reite. Die Hände sollen geöffnet auf meinen Beinen liegen. Dann beginnt der Schamane auf seinem Instrument zu zupfen und nach einiger Zeit einen Gesang anzustimmen, zur Stärkung, wie ich später erfahre. Ich bin in meiner Vorstellung mit dem Pferd in den Alpen und blicke über die Berge und den See, den mein Mann und ich am Nebelhorn entdeckt haben. Ich reite zu dem See hinunter und umkreise ihn. Das Pferd drücke ich liebevoll am Hals.

So vergeht einige Zeit, bis es in der Jurte still wird. Die Sonne scheint auf das Zeltdach, und mir ist angenehm warm. Ich blicke auf, und Maria kommt zu mir. Mit geschlossenen Augen umkreist sie mich mit kleinen Glöckchen in Kopfhöhe. Dann soll ich mir die Hände waschen. Ich stecke sie in einen Eimer mit Wasser, der am Eingang steht, doch sie ruft: »Njet,nejt – nein, nein!« Arshan kommt mit einer Flasche Wodka und schüttet mir etwas Alkohol in die Hände zum Waschen. Während des Heilungsrituals geht Maria mehrmals vor das Zelt, um ein kleines Holzschälchen, das sie immer wieder mit Wodka auffüllt, zu versprengen. Arshan sagt, dass meine Seele in einem See von Traurigkeit gefangen war und jetzt daraus befreit ist. »Du wirst stärker und neue Möglichkeiten kommen auf dich zu. Du solltest dann deine Fähigkeiten mit anderen teilen. Du wirst nicht nur die Oberfläche sehen, sondern auch die Seele der Menschen. Iss drei bis vier Tage keine salzige Nahrung und kein Fett.«

Arshan nimmt drei Kinder in meiner Aura wahr. Mein Mann und ich haben jedoch keine Kinder bekommen können. Er rät mir, darum zu bitten, dass die Kinder durch meine Verwandten geboren werden, wenn es mir versagt ist. Deshalb soll ich Samen in die Luft, auf die Erde, in die vier Himmelsrichtungen und an die Vögel geben. »Würdest du das tun?«, fragt er. »Jaaa!«, ist meine Antwort. Maria, die während der ganzen Zeit still mit mir gearbeitet hat, empfiehlt mir, ein neues Schloss an der Eingangstür anzubringen, damit keine Negativität, sondern das Neue kommen kann. »Du hast viel Karma getragen«, sagt sie. »Die vergangene Generation aus deiner Familie hat etwas sehr Schlechtes getan. Das ist jetzt bereinigt.«

Die Sitzung ist beendet, und ich drücke meine Dankbarkeit mit einem gestammelten, russischen »Spacibo – danke« und einer Spende aus. Die Tage vergehen, als sei ein Vorhang zur Seite geschoben, ich bin wieder voller Kraft und Freude. An einem der nächsten Tage habe ich die nötige Ruhe für das Samenritual. Ich sammele alle Samen, die ich im Hause habe, in einer Klangschale zusammen und nehme auch eine Aufnahme von Arshans Gesang mit und fahre zum Kronsberg, den ich von einigen Ausflügen kenne.

Diesmal gehe ich einen neuen Weg und halte Ausschau nach einer passenden Umgebung für das Ritual. Mir fällt ein frisch gemähter Platz etwas oberhalb der Wiesen auf und je näher ich komme, desto mehr wächst die Gewissheit, dass es dieser Ort sein soll. Am rechten Rand verbreiten Fliederbüsche in voller Blüte ihren süßlich schweren Duft, zwei Bänke laden zum Sitzen ein, und an der anderen Seite des Platzes stehen Birken lose verteilt, als ob sie Zeugen meiner Heilungsarbeit sein könnten. Ich setze mich mit dem Blick nach Südosten, höre noch einmal die

Gesänge von Arshan und meditiere mit dem Faden, der wieder auf meinem Haupte spürbar wird. Als ich innerlich bereit bin, nehme ich meine Schale mit den Samen und stelle mich mitten auf die Wiese. Ich bitte darum, dass die drei Kinder in meinem Verwandtenkreis geboren werden mögen, und werfe dann die Samen in alle Himmelsrichtungen, zum Himmel und zur Erde, während ich dem Gezwitscher der Vögel zuhöre.

Wieder zu Hause zögere ich nicht, den nächsten Schritt zu tun. Das Türschloss lasse ich nicht auswechseln, sondern führe stattdessen vor der Haustür ein Reinigungsritual mit Salz aus, das negative Kräfte bindet. Als ich anschließend den Eingang mit Blumen schmücken will, kommt Frau Seifert vorbei, um etwas zur Mülltonne zu bringen. Sie sagt: »Guten Tag!« – das erste Mal nach unserem langjährigen Schweigen, dem ein Streit vorausgegangen war. Ich höre mich »Guten Tag, Frau Seifert« sagen und gehe beeindruckt von der Situation ins Haus. Das Neue, Positive war hiermit eingekehrt, ich kann es kaum fassen.« So weit der Bericht von Alexa. Wenig später lernte sie eine Form des geistigen Heilens kennen, die sie seitdem praktiziert.

An dieser Stelle soll nur über eine von zahlreichen Heilungssitzungen geschrieben werden. Wodka, Milch und Wasser, Marias Pfeife und Arshans Gesang waren Komponenten nahezu jeder Sitzung. Und doch verlief keine so wie die andere, jede war so einzigartig wie die Menschen, die bei den Schamanen Rat und Hilfe suchten. Nach einem langen, sonnigen Tag senkte sich langsam die Dämmerung herab, und über den Teichen zog leichter Nebel auf. Die Besucher fuhren heimwärts, das Feuer in der Jurte wurde gelöscht, und nur die hohen Pappeln und die Weide rauschten weiter im Wind.

Als wir abends in kleiner Runde bei einem kräftigen Bohneneintopf beisammen saßen, wurde deutlich, wie anstrengend die Heilarbeit für die Schamanen ist. Auf meine Frage hin erzählten sie, dass die Menschen im Altai im Allgemeinen mit gesundheitlichen und finanziellen Problemen zu ihnen kämen. Sie hatten nicht mit der Vielzahl von psychischen Schwierigkeiten gerechnet, mit denen sie bei uns konfrontiert wurden. Neu und äußerst unangenehm war für sie auch, dass ein deutscher Möchtegernschamane sich ohne unser Wissen unter die Ratsuchenden gemischt hatte und versuchte, sie auf die Probe zu stellen. »So etwas kennen wir nicht«, meinten die beiden einhellig. Konkurrenz, Seelenverlust, das Gefühl von Sinnlosigkeit – durch ihre Heilarbeit lernten die Schamanen neben dem Alltagsleben mit Anna und mir ein breites Spektrum des Zustands von Menschen in unserer Gesellschaft kennen. Nach zwei Wochen, eine Woche früher als ursprünglich geplant, zog es Maria und Arshan wieder in ihre Heimat zurück.

Anhang

Über den Wert von Kultur – Auszug aus einem Handbuch für Ranger von Danil Mamyev

Obwohl alle »Welt«religionen scheinbar die gleichen Dinge lehren, erkennen sie sich aus irgendeinem Grund nicht gegenseitig an. Das erscheint mir merkwürdig. Einmal hörte ich zufällig die Worte eines Geistlichen, der sagte: »Religionen unterscheiden sich durch ihre Dogmen.« Das Dogma ist ein in Jahrhunderten »versteinerter« Kode gewisser Regeln, einst von jemandem festgelegt ohne Möglichkeit, auf den neuesten Stand gebracht, korrigiert oder auf neue Weise verstanden zu werden. Es ist wie im Museum – »nicht berühren«.

Die Realität des modernen Lebens beweist, dass der Fortschritt der modernen Zivilisation auf die Standardisierung aller Dinge hinausläuft – angefangen bei Äußerlichkeiten wie Kleidung und Verhaltensweisen bis hin zur Art und Weise des Denkens und der Kultur als Ganzem. Aber der Gegenstand solcher Standards kann nur etwas Totes sein, etwas, das der Natur entfremdet ist – beraubt jeglichen Lebens, der Bewegung, des inneren Lichts. Die Natur lässt sich nicht auf Standardisierung und Monotonie festlegen. In der Wildnis regiert die Einheit des URSPRUNGS in der Mannigfaltigkeit vieler unterschiedlicher Formen.

Wir, die indigene Bevölkerung des Altai, werden in einer philosophischen Auseinandersetzung manchmal von dem Argument in die Falle gelockt, dass alle anerkannten Religionen und Kulturen ein System von klar abgegrenzten Glaubenssätzen haben müssen. Deren Nichtvorhandensein weise eine Kultur als jung und unreif aus. So versuchen wir wie kleine Kinder unseren »reifen« Status zu beweisen, indem wir uns bemühen, unsere Kultur den heutigen Dogmen anzupassen. Wir versuchen einige Verallgemeinerungen wie Regeln, Begriffe, Konzepte zu erfinden, ohne irgendeine Idee davon zu haben, dass das, was uns wirklich von anderen Kulturen unterscheidet, traditionell die Abwesenheit bestimmter Dogmen ist. Und dieser Unterschied ist unser kostbarster Wert. Er enthüllt unsere ethnische Aufgabe, und vielleicht sogar unsere göttliche Bestimmung, die darin besteht, die Menschen Freiheit von jeglichen Glaubenssätzen oder irgendwelchen »Regeln« zu lehren, jeden Tag mit Wertschätzung zu erleben, zu lernen, frei von negativem Denken zu werden und alles um uns herum so zu sehen, wie es ist.

Aus einigen Gründen ist es heute in manchen Museen den Besuchern sogar erlaubt, die Exponate anzufassen, um Dinge auszuprobieren. Sie dürfen sich allein in Tempeln oder Kirchen aufhalten, auch dort wird die dogmatische Seite schwächer. Was ist das: eine vorübergehende Laune, ein bestimmter Stil oder eine Gesetzmäßigkeit mit tieferen Wurzeln?

Nach meinem Verständnis ist es der Ruf unserer Zeit. Es ist der Anfang davon, das menschliche Bewusstsein und Denken in der Weise wieder zu herzustellen, die besagt, dass jeder Mensch wichtig ist, da jede/r Träger/in wertvoller Information ist. Dies sind die Regeln der Koexistenz zwischen Menschen in der Zukunft: die Anerkennung des grundlegenden Lebensrechts für alle. Es ist das Recht, zu SEIN. In Zukunft wird jede Person als wertvoll angesehen, oder vielmehr das innere »Licht« in jeder Person, um exakt zu sein. Jede Person sollte »strahlen oder das eigene Licht strahlen lassen«. Auch die allgemein gültigen Regeln sollten jede Person »strahlen« lassen. In der Vergangenheit war das persönliche Licht in jedem Individuum nicht gefragt. Das energetische Licht einer Ethnie, Gesellschaft oder Gruppe war genug. »Handle wie jede/r andere«. Das war das Motto der vergangenen technokratischen Gesellschaft, einer ihrer Standards. Aber angesichts der dramatischen Veränderungen, die in den kosmischen Sphären stattfinden, muss eine solche »grobe« Form von energetischem Licht in der nächsten Zukunft zusammenstürzen. Dieses neue Jahrhundert verlangt die Energie eines »feineren« Typs. Das bedeutet, dass das, worauf es ankommt, die Handlungen, das Wissen und die

Gedanken jedes Individuums sind. Das Individuum wird nicht für die »Gesetze« der Gesellschaft, des Staates oder der Ethnie leiden. Das Kind wird nicht verantwortlich sein für die Taten der Eltern. In diesem Jahrhundert wird es nicht mehr möglich sein, sich hinter dem Rücken anderer Leute zu verstecken, geschützt von den Gesetzen der Gesellschaft und des Staates ...

Daher sollte sich das heutige Ausbildungs- und Erziehungssystem auf die Persönlichkeit konzentrieren. Der Planet wird in Zukunft erfüllt sein mit einem 6 Billiarden starken Spektrum von menschlichem Licht, zusätzlich zu Hunderten, Tausenden und Millionen Spektralfarben der Fauna und Flora der Erde. Und erst dann wird der Planet in allen Farben des REGENBOGENS des LEBENS scheinen. In diesem kommenden Jahrhundert, das eine neue Art der Beziehung eines Individuums mit dem Planeten Erde verlangt, werden das Wissen und die spirituelle Kultur der indigenen Bevölkerung des Altai von besonderer Bedeutung sein. ...

(Aus dem Englischen übersetzt von Cornelia Künzel unter Mitarbeit von Barbara Nowak)

Russische
Konföderation
Kasachstan
Mongolei
China
Wüste Gobi
Himalaya
× Republik
Altai,
Teil der
Russ. Konföderation

Die
Republik
ALTAI
Bijsk
Ob
Bija
Gorno-
Altaisk
Ust-Kan
Katun
Ongudai
Ust-Koksa
Tschuja-Trakt
Tuva
Katun
Belucha
Kosch-Agatsch
Kasachstan
Ukok
Mongolei
China

Literaturempfehlungen

Anati, Emmanuel, Höhlenmalerei, Zürich und Düsseldorf, 1997.

Eliade, Mircea: Das Heilige und das Profane – Vom Wesen des Religiösen, Hamburg, 1957.

Halemba, Agnieszka: What does it feel when your religion moves under your feet? Berlin, Zeitschrift für Ethnologie 2/2008.

Halemba, Agnieszka, The Telengits of southern Sibiria, Abington und New York, 2006.

Kharitidi, Olga: Das weiße Land der Seele, München, 1996 (Roman).

von Lüpke, Geseko: Altes Wissen für eine neue Zeit, Gespräche mit Heilern und Schamanen des 21. Jahrhunderts, München, 2008.

Oelschlägel, Anett C.: Der Weiße Weg, Leipzig, 2005 (wissenschaftliche Arbeit über die Naturreligion von Völkern aus dem Altaigebirge).

Schodojew, Nikolai A. und Kurtschakow, R.S.: Der altaiische Bilik – Alte Weisheitslehren aus dem sibirischen Altai, Norderstedt, 2006.

Skadé, Cambra: Am Feuer der Schamanin, Freiburg, 2007.

Tschinag, Galsan – alle Bücher! (Romane und Erzählungen)

Weinshtein, Sew'jan I.: Geheimnisvolles Tuwa, Oststeinbek, 2005. (Reisebeschreibungen eines Ethnologen)

Glossar

Geomantie: Lehre von den Energien der Erde

Oberwelt, Unterwelt, mittlere Welt: schamanisches Weltbild, 3 Welten, die belebt sind von Menschen, Tieren, Pflanzen, Steinen und Geistwesen (nicht zu verwechseln mit christlichen Vorstellungen von der Unterwelt = Hölle)

Perestroika: Zeit des Übergangs in der Sowjetunion vom Kommunismus zum Kapitalismus in den 90er-Jahren des letzten Jahrhunderts

Reading: Wahrsagung, Weissagung

Spirit: Geistwesen

Ebenfalls bei TRIGA – Der Verlag erschienen

Rebecca Netzel

Meine Freundin, die Pinie

Eine Kindheit in Pine Ridge

Roman über das Leben der Lakota Sioux im 21. Jahrhundert

Die Protagonistin Tiny erzählt von ihrer Jugend im Lakota-Reservat, von ihrer Familie, der Flucht ins Waisenhaus und einer neuen Perspektive, die ihr dort geboten wird. Ein Sachroman jenseits der Klischees, kompetent und einfühlsam geschrieben von einer Autorin, die das Leben der Reservatsbewohner aus eigener Erfahrung kennt – mit Freud und Leid, Alltag und Feierlichkeiten, Tradition und Moderne. – Informativ und aus anschaulicher Perspektive vermittelt, nimmt uns die Autorin mit in eine faszinierende Welt: das Leben der Lakota heute, zwischen Powwow und Internet, Wounded Knee und neuer Hoffnung.

208 Seiten. Pb. 14,90 Euro. ISBN 978-3-89774-946-7

Rebecca Netzel

Als der Drache mit dem Adler rang

Historischer Roman

Die Vinlandsaga einmal anders, in einem spannenden Romangeschehen als historischer Kulturschock: Wikinger und Indianer treffen im Jahr 1000, also noch fast 500 Jahre vor der »offiziellen« Entdeckung Amerikas durch Kolumbus, in der Gegend zwischen dem heutigen Labrador und Neuengland aufeinander. Leif der Glückliche, Sohn des Grönland-Entdeckers Erik der Rote, wird seinerseits zum Entdecker und ersten europäischen Siedler in der Neuen Welt. Doch trotz zunächst friedlichen Tauschhandels scheitert die Beziehung zwischen den verschiedenen Völkern auf tragische Weise. Habgier, Neid und Missgunst seitens mancher Siedler machen die zaghaften Annäherungsversuche zwischen den beiden verschiedenartigen Kulturen zunichte – der Auftakt zur späteren Unterdrückung der indigenen Bevölkerung zeichnet sich ab.

450 Seiten. Pb. 16,80 Euro. ISBN 978-3-89774-844-6

TRIGA – Der Verlag

Leipziger Straße 2 · 63571 Gelnhausen-Roth · Tel.: 06051/53000 · Fax: 06051/53037
E-Mail: triga@triga-der-verlag.de · www.triga-der-verlag.de